LÉON MONCELON

LE BAGNE

ET LA

COLONISATION PÉNALE

A LA NOUVELLE-CALÉDONIE

PAR UN TÉMOIN OCULAIRE

On se demande pourquoi il y a encore des malheureux qui persistent à rester honnêtes, au prix de tant d'efforts et de misère, alors qu'il suffit de se faire mettre au bagne pour avoir droit aux faveurs de l'État et mériter les propriétés que l'Administration pénitentiaire de la transportation distribue aux forçats en cours de peine ?

LÉON MONCELON.

Délégué de la Nouvelle-Calédonie au Conseil supérieur des colonies

On s'occupe beaucoup des moyens de se défaire des repris de justice ; on devrait peut-être s'occuper un peu de n'en pas faire

Auguste VACQUERIE (*Le Rappel*).

PARIS
CHARLES BAYLE, ÉDITEUR

1886

LE BAGNE

ET

LA COLONISATION PÉNALE

A LA NOUVELLE-CALÉDONIE

LE BAGNE

ET LA

COLONISATION PÉNALE

A LA NOUVELLE-CALÉDONIE

PAR UN TÉMOIN OCULAIRE

～～～

> L'Administration de la transportation a
> fait des bagnes une sinécure pour les
> malfaiteurs. Le territoire de la Nou-
> velle-Calédonie est offert en prime aux
> plus grands scélérats. Sous prétexte de
> régénération, l'État comble de faveurs
> les condamnés aux travaux forcés et
> leur fait une situation que l'honnête
> homme malheureux peut envier sans
> jamais y parvenir.
>
> Léon MONCELON,
> *Délégué de la Nouvelle-Calédonie au Conseil*
> *supérieur des Colonies.*

PARIS

CHARLES BAYLE, ÉDITEUR

—

1886

PRÉFACE

Ce travail n'a qu'un but : Jeter un rayon de lumière à travers les faits et gestes d'une Administration qui s'égare, celle de la Transportation des condamnés aux travaux forcés aux Colonies.

Aujourd'hui « aller à la Nouvelle » est une partie de plaisir enviée par tous les criminels ; il est bon que l'on sache pourquoi, car la société entière est menacée dans sa sécurité.

Cet opuscule n'est qu'une ébauche ; aux spécialistes, aux législateurs à traiter, à approfondir la question.

Comme délégué élu de la Nouvelle-Calédonie, nous avions le devoir de faire connaître à la Métropole ce que l'Administration pénitentiaire de la Transportation fait de sa Colonie, et nous espérons avoir atteint notre but sans trop d'aigreur pour les personnalités qui ont créé cette situation comme pour celles qui, trompées par de séduisantes théories et des rapports intéressés, travaillent encore à la maintenir.

LÉON MONCELON.

LE BAGNE

ET

LA COLONISATION PÉNALE A LA NOUVELLE-CALÉDONIE

PAR UN TÉMOIN OCULAIRE

———

CHAPITRE Ier

Le Ministre de la Marine et des Colonies vient de publier un gros volume sous ce titre : *Notice sur la transportation à la Guyane française et à la Nouvelle-Calédonie pour les années 1882-1883.*

Ce livre, intéressant à plus d'un point de vue, s'ouvre par un rapport au Ministre signé par le sous-directeur des Colonies chargé de la 2ᵉ sous-direction, M. Albert Grodet. Les premiers paragraphes font connaître le but de l'ouvrage :

Monsieur le Ministre, Pour faire suite aux notices que, depuis 1867, le Département de la Marine et des Colonies a publiées jusqu'ici à intervalles irréguliers, j'ai l'honneur de vous présenter ci-après, en ce qui concerne les années 1882-1883, les renseignements statistiques relatifs aux établissements de travaux forcés créés à la Guyane et à la Nouvelle-Calédonie en vertu de l'article 1er de la loi du 30 mai 1854.

Je pense que, pour donner à ces documents plus d'actualité, il conviendra désormais de publier chaque année un rapport sur le même objet, et les administrations pénitentiaires de ces colonies ont été invitées à transmettre régulièrement au Département, dans le trimestre qui suivra la fin de chaque exercice, les éléments de cette publication.

Nous avons tenu à citer les lignes précédentes pour pouvoir féliciter l'Administration centrale d'une décision qui lui permettra d'être un peu mieux renseignée à l'avenir et de publier des notices plus nourries de faits et plus intéressantes.

Quant à l'ensemble du rapport lui-même, il paraît viser tout particulièrement à établir les qualités du système de *colonisation pénale* suivi par l'Administration pénitentiaire, à la Nouvelle-Calédonie plus particulièrement.

Une pareille tendance s'explique par les attaques multiples dont cette colonisation a été l'objet, dans les derniers temps, de la part de quelques personnalités qui n'ont pas craint, après avoir vu de près les choses, de critiquer amèrement et les administrateurs, et la loi elle-même qui peut les laisser maîtres de tous les essais, de toutes les méthodes qui les rendent blâmables aux yeux de ces personnalités.

Quant à nous, après un séjour de plus de onze années à la Nouvelle-Calédonie, nous restons persuadé — et cela sans douter aucunement de la bonne

foi ni de la bonne volonté de l'Administration supérieure des Colonies — qu'il est bien difficile pour cette
Administration, quelque habile qu'elle soit, du reste,
de diriger, dans toute l'acception du mot, une entreprise
aussi colossale que celle de l'exploitation de la colonie
pénitentiaire de la Nouvelle-Calédonie, du fond des
bureaux de la rue Royale. Et nous trouvons dans
l'analyse de la notice que vient de publier le Ministre
la confirmation complète de cette opinion : partout des
contradictions bizarres, des ordres qui ne peuvent être
obéis, des résistances inattendues, des étonnements
stupéfiants, des constatations décourageantes, des
menaces qui tombent dans le vide ou devant des
impossibilités qu'on n'a pas su prévoir!

Ce livre est puissamment instructif parce que, tout
embrouillé et tout confus qu'il apparaisse dès l'abord
à celui qui connaît la question et qui a constaté
de visu l'état de cette *colonisation pénale*, il n'en
constitue pas moins la meilleure preuve, la preuve
palpable et indéniable, fournie par l'Administration des
bagnes même, dans des documents officiels, que l'on
en est encore à la période des tâtonnements, et que
la méthode suivie jusqu'à ce jour n'a pu complètement
satisfaire les bons esprits qui ont cherché la meilleure
application de la loi du 30 mai 1854.

Comme théorie, la loi sur la transportation des condamnés est admirable; nous aurons toujours, en France,
des législateurs honnêtes et convaincus qui sauront
revêtir nos lois de ce vernis humanitaire et de cette
grandeur de principes qui leur valent l'admiration de

tous ceux qui ne sont pas chargés de les appliquer.
Quant à la loi de 1854, qu'on a pu souvent traiter
de sublime, et qui l'est en effet si l'on ne considère
que les principes qui l'ont inspirée et le but qu'elle
se propose, elle s'est montrée, paraît-il, si rebelle dans
la pratique, qu'on a cru devoir la transformer, la torturer
par une série de décrets et d'arrêtés pour aboutir
à la situation pénible que nous allons préciser tout à
l'heure et que constate indirectement — tout en cherchant à l'atténuer peut-être — la notice du ministère.

En 1854, autour du berceau de cette loi fameuse de
la transportation des condamnés aux colonies, chacun,
enthousiasmé, criait au miracle; aujourd'hui, après
trente ans d'essais, en face du néant des résultats, chacun
se dit : N'était-ce donc qu'une utopie?

Nous nous sommes demandé souvent si, en réalité,
cette loi ne doit point tout simplement son origine à une
erreur très répandue, mais bien reconnue comme telle
par la majeure partie des Australiens et des Anglais,
à savoir que l'Australie doit exclusivement ce qu'elle
est à la présence des convicts sur son sol? S'élançant
de ce point de départ que le forçat est le premier facteur
de la prospérité australienne, il n'y aurait rien que de
très naturel à ce que le législateur de 1854 eût rêvé les
mêmes destinées pour nos colonies de la Guyane et de
la Nouvelle-Calédonie.

Or, il n'est point douteux, pour ceux-là même qui
ont assisté aux derniers spasmes de la *fièvre de l'or* en
Australie (et nous en connaissons beaucoup), que, si les
convicts ont servi à l'exécution d'une partie des grands

travaux publics, c'est la présence de l'or qui a surtout attiré sur cette terre les flots de population qui s'y sont fixés et qui ont ensuite chassé devant eux les convicts et le bagne lui-même jusqu'à le reléguer à l'extrémité ouest du continent austral! Les condamnés n'auraient jamais pu créer l'Australie; la raison en est bien simple, c'est que ces gens-là, pour des causes particulières mais connues, ne peuplent pas et que, partout où on les rencontre en groupe on constate le vide autour d'eux..., et cela est si vrai qu'après les avoir chassés du continent australien, les vrais colons, les fils des chercheurs d'or, les balayèrent aussi de la Tasmanie, où on les avait installés. Nous ne parlons pas, bien entendu, des quelques centaines d'hommes énergiques qui ont pu se régénérer a u contact de la population libre et ont été parfaitement accueillis dans ses rangs.

Nous ignorons si les Anglais, habiles en l'art de coloniser, nous dit-on de toute part, eussent réussi à former l'Australie avec leurs seuls forçats; nous constatons un fait positif, c'est que l'or a peuplé cette colonie pour ainsi dire en un clin d'œil et que sa fortune rapide date de la découverte de ce métal dans les placers de Bendigo, de Ballarat et autres localités. Les convicts, en exécutant pour partie les travaux publics, ont pu aider à la prospérité générale, mais ils ne sauraient en être la cause unique ni même la principale!

On voit donc, d'après nous, combien se serait illusionné le législateur qui, prenant par erreur l'Australie pour exemple, aurait édifié la loi du 30 mai 1854 avec l'intime conviction qu'à l'aide de cet instrument magique il allait faire sortir du sang vicieux, épuisé des forçats une colonisation puissante susceptible de doter la Métropole française, à son tour, de quelque merveilleuse Australie!

Nous croyons, et sincèrement, en mettant de côté toute théorie préconçue, en ne nous basant que sur ce que nous avons vu et bien vu, qu'*il est matériellement impossible de coloniser avec l'élément pénal pur;* et nous restons bien persuadé que pour arriver à un mélange qui puisse laisser espérer le succès les moyens employés jusqu'ici sont défectueux et s'opposent même directement au but qu'il faudrait viser. Nous ne proclamons pas que la chose soit impossible, bien loin de là, et nous croyons même qu'elle aurait une certaine efficacité; mais, pour arriver à rendre cet élément pénal — presque toujours, hélas! si avili et si dégénéré — propre à une fusion avec l'élément libre, il faudrait absolument, à notre avis, reprendre l'institution de la base au sommet, et, pour ainsi dire, la bouleverser de fond en comble.

Dans ce travail rapide, nous ne prétendons pas traiter plus particulièrement ce côté de la question. Nos législateurs spéciaux pourront l'étudier aussi soigneusement qu'il le mérite et avec toute la compétence qu'ils possèdent; nous donnerons simplement nos appréciations. Notre but est surtout d'examiner — le livre des notices du ministère à la main — ce que l'on a fait de la colonisation pénitentiaire autorisée, *paraît-il*, par la loi de 1854 et réglée par les différents décrets qui ont suivi cette loi.

CHAPITRE II

Nous ne saurions guère concevoir comment l'idée des *pénitenciers agricoles*, c'est-à-dire de centres ruraux dans lesquels sont agglomérés les concessionnaires du bagne, ait pu germer dans le cerveau d'administrateurs sérieux et qui devraient, après tant d'années de promiscuité avec l'élément pénal, connaître les inconvénients multiples de pareilles concentrations sur un point donné; inconvénients tellement graves qu'ils s'opposent absolument, par leur essence même, à toute réussite!

En date du 29 juin 1882, dans les instructions envoyées au gouverneur de la Nouvelle-Calédonie par M. Jauréguiberry, Ministre de la Marine et des Colonies, nous remarquons le passage suivant:

A ne consulter que la lettre de la loi du 30 mai 1854, la transportation semblait avoir pour objectif unique d'éloigner de la Métropole une population dangereuse pour sa sécurité.

La loi ne parlait donc pas de *pénitenciers agricoles*, quant à la lettre, quant à l'esprit, on a trouvé moyen de l'interpréter de façon à lui arracher l'autorisation de cette création et:

Un décret du 31 août 1878 a réglé la condition des transportés concessionnaires de terrains dans les colonies pénitentiaires, et le décret disciplinaire du 18 juin 1880 a autorisé la mise en concession des condamnés aux travaux forcés parvenus à la première classe (Condamnés en cours de peine).

C'est armée de ces deux décrets du 31 août 1878 et du 18 juin 1880, que l'*Administration pénitentiaire* a pu se laisser entraîner à peupler des vallées entières de libérés et de condamnés en cours de peine, et c'est grâce à eux aussi que les fonctionnaires de l'*Administration centrale* ont pu lui en envoyer l'autorisation.

Procédons avec ordre pour que le lecteur puisse se rendre un compte exact et juger en parfaite connaissance de cause. Avant de dépeindre le concessionnaire lui-même, voyons un peu comment ont été créés les centres agricoles dans lesquels on lui accorde sa concession de terre. Nous ne saurions mieux faire dans la circonstance, et pour donner à ces lignes un cachet de vérité qui en constituera la valeur, que de citer un extrait de l'ouvrage important écrit sur la transportation à la Nouvelle-Calédonie par un sous-directeur de cette administration.

La création du centre est décidée. Des centaines de condamnés de toutes les classes sont dirigés sur les lieux pour les premiers travaux d'installation. Mais quelles installations !

Comme cette administration ne peut marcher sans un formidable état-major, il faut un commandant de pénitencier, un commandant en sous-ordre, un officier d'administration, un magasinier avec des distributeurs, un agent de colonisation avec des agents de culture, des surveillants principaux, des surveillants chefs, des surveillants ordinaires et un nombre considérable d'écrivains qui, en réalité, vont faire le service de tous ces fonctionnaires.

Mais les installations ? Nous y sommes. Les constructions commencent; c'est la maison du commandant du pénitencier avec ses dépenses luxueuses: kiosque pour prendre l'absinthe, square pour les promenades après dîner, jardin de fleurs et jardin potager; calèche à deux chevaux pour voyager dans les niaoulis ; chevaux de selle ; domesticité immense !

Mais on ne s'arrête pas là : chacun de ces colonisateurs étranges veut sa part. Le champ est vaste, c'est l'État qui paye : main-d'œuvre, ouvriers d'art, bois de charpente et d'ébénisterie matières ouvrées. — Et pour que rien ne manque au tableau, l'Administration décide qu'il faut compléter le centre par l'adjonction d'un troupeau de vaches, d'un troupeau de chèvres et d'un troupeau de porcs, d'un grand matériel d'attelage et de transport, le tout entretenu à grands frais, détournant les condamnés des travaux d'utilité publique, et ne produisant rien. — C'est l'ignoble budget sur ressources. — Ainsi est constitué, à coup de centaines de mille francs, le *pénitencier agricole*, c'est-à-dire le gouffre, inutile qui demandera tous les jours de l'argent pour entretenir les parasites que choie et que couve de l'œil la Direction de l'Administration centrale.

Et la colonisation ? Il n'y en a pas.

Il n'y a pas de barrières pour défendre les concessions contre les divagations du bétail qui tond une récolte en une nuit, pas de routes d'accès pour aller à la mer, pas de débarcadères pour charger les produits. Tout l'argent a passé en kiosques pour l'absinthe.

Et telle a bien été, en effet, la façon de procéder ; aujourd'hui les centres pénitentiaires principaux sont traversés d'un chemin conduisant à la rivière qui, elle-même, sert de voie de communication avec la mer,

mais les installations laissent néanmoins grandement
à désirer, surtout si l'on considère les sommes considérables qu'elles ont absorbées.

Pour donner une idée des frais énormes occasionnés
par ces singulières installations, nous ne voulons parler
que des seuls agents de culture ou de colonisation dont
on persiste à ne pas reconnaître l'absolue inutilité,
et dont le rôle jusqu'à présent consiste tout bonnement
à employer un grand nombre de condamnés à des cultures de maïs et de haricots qui reviennent à des prix
fabuleux (quelque chose comme 1 franc le pied assurément) et dont l'écoulement est incertain et ne peut
se faire qu'à des prix beaucoup inférieurs à celui de
revient.

En 1883, il existait à la Nouvelle-Calédonie:

Un agent général des cultures avec appointe-
    ments de 7,000 francs; *et indemnité de logement de 1,200 fr.*
Deux agents de colonisation de 2ᵉ classe à
    5,500 francs l'un, soit 11,000 francs.
Un agent de colonisation de 3ᵉ classe, 5,000 fr.
Deux agents de culture de 1ʳᵉ classe, à 4,500 fr.,
    soit 9,000 francs. *avec logement ou indemnité de logement.*
Un agent de culture de 2ᵉ classe, 4,000 francs.
Trois agents de culture de 3ᵉ classe à 3,500 fr.,
    soit 10,500 francs.
Quatre agents de culture de 4ᵉ classe à 3,000,
    soit 12,000 francs.

A cette époque, un quinzième agent venait d'arriver,
et d'autres l'ont encore suivi; bref, le budget colonial,
exercice 1883, portait un total de 67,500 francs pour le

service « agents de cultures »; mais nous arriverions à une somme bien supérieure, près de 100,000 francs, pensons-nous, si tous les avantages faits à ces agents comme domesticité, jardins, chevaux, voitures, etc., venaient se joindre à l'estimation.

On s'est toujours élevé, à la colonie, contre un gaspillage évident des fonds publics, car l'inutilité de ce personnel a été si bien constatée qu'il a été maintes fois répété que *les fermes pénitentiaires ont été créées pour les agents* et *non ceux-ci pour les fermes.*

Maintenant que l'on a une idée de ce que peuvent être ces centres agricoles, voyons un peu le personnel qui est admis à y jouir des concessions de terre. Nous avons constaté, d'après l'amiral Jauréguiberry, que la loi de 1854 ne parlait aucunement des pénitenciers agricoles; à plus forte raison, elle ne parlait pas des colons pénitentiaires à y introduire, et, certes, jamais les créateurs de la loi n'auraient pu admettre qu'un jour on détournerait des travaux publics — prescrits par l'article 2 de cette loi — des condamnés aux travaux forcés *en cours de peine*, après quatre années de bagne seulement!

L'esprit de la loi interprétée par ses législateurs eux-mêmes n'est pas douteux; le texte du rapport de la commission chargée d'en examiner le projet ne laisse rien de vague dans l'interprétation de la loi par cette commission au point de vue colonisateur. Il constate formellement que la loi a un rôle colonisateur, mais qui reste au second plan et ne s'exerce qu'après la peine subie; en un mot, le libéré seul qui a subi sa peine dans certaines conditions devrait être admis à la colonisation. Voici la partie de ce rapport à laquelle nous faisons allusion :

La nouvelle loi n'est pas non plus dépourvue de tout avantage au point de vue colonisateur. *Ce n'est là, suivant nous, que son rôle accessoire;* il ne doit jamais faire fléchir la sévérité de la discipline, ni diminuer l'exemplarité de la peine; mais il mérite pourtant d'être pris en considération. C'est une erreur de croire que, dans l'exécution de la loi, il y ait antagonisme entre l'intérêt pénal et l'intérêt colonisateur; si ces deux intérêts ne coexistent pas d'une manière complète, ils se *succèdent avec avantage; le libéré est un colon d'autant plus utile qu'il a mieux expié sa peine et acquitté le châtiment...* Le projet n'a pas commis la faute de subordonner l'élément pénal à l'élément colonisateur; *la peine d'abord, la colonisation ensuite, sur le second plan seulement;* telle est la *pensée manifeste de la loi,* telle est aussi *la conviction très énergique de votre commission.*

Les intentions du législateur sont manifestes, n'est-ce pas? Rien d'ambigu dans cette déclaration si nette de la commission elle-même. Et pourtant aujourd'hui, c'est l'intérêt colonisateur qui domine et son facteur principal est le condamné en cours de peine! Partout, dans le gros livre de notices du ministère, nous trouvons cette idée principale : hâter la mise en concession des condamnés *en cours de peine,* c'est-à-dire les détourner des travaux publics.

Page 416. — Je ne saurais trop insister, Monsieur le Gouverneur, sur la nécessité de hâter la mise en concession des transportés parvenus à la 1re classe... etc.

Et l'on cite *des condamnés* qui, *dans ce but, ont passé, en l'espace de quelques mois, de la dernière à la première classe.*

Page 401. — ...Le même rapport constate qu'il y a eu seulement deux mariages en 1881 et vingt-cinq nouveaux concessionnaires. Ces chiffres témoignent du peu de souci que l'Administration pénitentiaire prend de la colonisation pénale. Je vous prie d'appeler sur ce point l'attention du nouveau chef de cette administration... Je vous prie de veiller à ce que les femmes arrivées par l'*Ernestine* en 1881 soient promptement mariées...

C'est ainsi que le Ministre poussait encore l'Administration pénitentiaire, — déjà bien trop portée d'elle-même à mettre en concession les condamnés en cours de peine, parce qu'elle a sur eux un empire absolu et parce que *ce système lui procure un prétexte pour placer toutes ses créatures,* — à persister dans cette voie déplorable.

Page 338. — (C'est M. Berlet, sous-secrétaire d'État qui parle.) Je ne saurais trop vous recommander, Monsieur le Gouverneur, de tenir la main à ce que la *colonisation pénale soit encouragée* et soutenue *par tous les moyens possibles,* et je vous serai obligé, en conséquence, de donner des ordres précis aux fonctionnaires placés sous vos ordres.

La mise en concession des transportés qui remplissent les conditions exigées par le décret disciplinaire du 18 juin 1880 doit faire l'objet de tous vos efforts; c'est en *facilitant l'essor de la colonisation pénale* que vous seconderez utilement les intentions du gouvernement, qui s'impose les plus lourds sacrifices pour parvenir à ce but. (!)

Page 397. — ...Présenter un travail tendant *à faciliter le développement de la colonisation pénale...* etc.

Page 414. — L'Amiral-Ministre fait au gouvernement des re-
proches sérieux sur sa négligence à ne point assez seconder la
colonisation pénale, et blâme les décisions de la commission de
délimitation et dit : Je ne saurais approuver un acte dans lequel
il n'a pas été tenu compte des instructions du Département insé-
rées dans une dépêche du 19 février 1881, *et qui restreint les ressources de la colonisation pénale dans des proportions vraiment dérisoires.*

Page 359. — *Il faut* que l'administration multiplie les mises
en concession pendant que les individus *sont encore en cours de
peine...* etc.

Aussi qu'arriva-t-il ? C'est que l'Administration pénitentiaire, encouragée dans une méthode qui avait déjà
ses faveurs, multiplia les concessionnaires du bagne, et
en arriva à placer comme colons des monstres qui sont
la honte de l'humanité, alors que des malheureux très
honnêtes ne peuvent obtenir une semblable faveur. Dans
un rapport adressé à M. le Ministre de la Marine et des
Colonies, nous avons cherché à démontrer au chef du
Département le danger de ce système et nous avons pris
au hasard, parmi les condamnés en cours de peine
concessionnaires, un spécimen susceptible d'attirer
toute son attention sur les choix faits par l'Administration pénitentiaire.

Dans ce rapport nous disons ceci :

Je prends au hasard, Monsieur le Ministre, un condamné concessionnaire au milieu d'un pénitencier agricole ; le voici: c'est le
nommé Devillepoix; il porte le numéro 981; il a été condamné
à Rouen, le 22 décembre 1866, aux travaux forcés à perpétuité
pour avoir :

1° Commis un attentat à la pudeur avec violence sur sa domestique âgée de moins de quinze ans ;

2° Commis un homicide volontaire ayant suivi l'attentat ci-dessus spécifié ;

3° Un deuxième homicide ayant immédiatement suivi le premier ci-dessus indiqué ;

4° Commis à diverses époques des attentats à la pudeur tentés ou consommés avec violence !

L'imagination se refuse à croire qu'il peut exister de pareils monstres parmi l'espèce humaine; cependant, Monsieur le Ministre, voilà un être pour lequel l'Administration pénitentiaire a des égards ; elle le met en concession de terre ! Elle donne à cette honte de notre race un magnifique recoin de terre et trente mois de vivres en attendant que le concessionnaire puisse facilement en tirer son existence ; elle va jusqu'à mettre à sa disposition une femme, une incendiaire ou une infanticide, qui arrondira pour lui les angles de la vie champêtre et assurera la propagation de son espèce ; elle lui fournit les vivres pour cette femme, et de trois à cinq cents francs pour élever une case.

Eh bien ! que fait en son domaine le numéro 981, ce privilégié de l'Administration pénitentiaire? Il bénit sans doute la main qui lui fait ces loisirs? reconnaissant à l'humanité pour le bien qu'il en reçoit après lui avoir fait tant de mal, il travaille sans doute sa terre et s'ingénie par sa conduite à faire oublier son épouvantable origine? Hélas !

Doué d'une intelligence peu ordinaire, ce monstre emploie ses facultés au raffinement des maux qu'il pourra causer à ceux qui l'entourent : lorsque ses voisins sont aux champs, il met le feu à leurs demeures et se fait condamner à la peine de mort le 6 octobre 1884.

A la Nouvelle-Calédonie, Monsieur le Ministre, on cite et on honore les condamnés qui ont eu l'énergie et la force morale de se tirer du bagne sans y laisser ce qui en eux restait sain, qui

ont traversé cette épreuve comme une expiation et sont revenus
à notre société avec les sentiments si respectables d'un sincère
repentir... Mais combien est restreint leur nombre, et combien
est effrayant celui des malheureux qui rechutent et des libérés
qui ne veulent pas revenir complètement au bien?

Et ce n'est pas, certes, que tous soient réellement,
foncièrement mauvais; chez l'homme, tant que le cœur
bat, il y a de la ressource, car, en parlant à ce cœur un
certain langage, on peut l'émouvoir, c'est le propre du
cœur humain! Non, la vraie raison est que l'on persiste à mal s'y prendre, et qu'à l'abri de la *loi humanitaire*
par excellence on commet les plus graves erreurs.

En face de cette colonisation ainsi organisée, les
meilleurs esprits ont pu conclure que la *colonisation
pénale* était une utopie. Nous croyons, nous, que cette
colonisation est possible, qu'elle peut donner de bons
fruits, mais ce dont nous restons persuadés, après une
observation sur place de plus de onze années, c'est que
l'Administration pénitentiaire actuelle et les règlements
qui la régissent font absolument fausse route. L'Administration actuelle *exploite* l'institution de la Transportation et, de là, les pitoyables résultats que nous
signalons.

Pour bien éclaircir la question afin que nos concitoyens de la Métropole puissent en rester juges, nous
croyons utile de citer l'opinion d'un homme qui fut
bien placé pour observer les condamnés et l'Administration qui les domine, qui fut administrateur à la
Guyane, croyons-nous, et qui résida plusieurs années

à la Nouvelle-Calédonie en qualité de Gouverneur :
M. E. Gautier de la Richerie.

On ne saurait trop engager nos concitoyens à se mettre en garde contre ce préjugé si répandu : l'*Australie a été fondée par des convicts.* *Non,* le convict n'a pas fondé l'Australie, pas plus que les forçats ne fonderont la Nouvelle-Calédonie. Après des vicissitudes sans nombre, la Nouvelle-Galles du Sud n'a commencé à sortir d'un régime de misères, pour marcher à une prospérité toujours croissante, qu'après l'introduction d'immigrants libres.

Nous ne pouvons comprendre ce que certains esprits appellent « *colonisation pénale* », en voulant scinder le pays en deux zones distinctes. L'une, libre et honnête, renfermerait des citoyens exerçant leurs devoirs et jouissant de leurs droits. L'autre, placée sous la tutelle de l'Administration pénitentiaire, renfermerait les criminels que la Mère-patrie redoute, à ce point de ne pouvoir les garder chez elle. Le rôle d'une administration ne nous paraît pas être de se mettre à la tête d'entreprises agricoles, industrielles, commerciales, dont les agents sont des criminels de tout âge expédiés de France sans aucune préparation préalable. Aussi, dans la pratique, depuis trente-trois ans (1852), la transportation à la Guyane et à la Nouvelle-Calédonie n'a-t-elle été que la translation des bagnes, sans profit pour la moralisation des condamnés, sans profit pour les territoires que leurs bras devaient féconder.

Il est évident que l'avenir de la Nouvelle-Calédonie est lié à celui de la transportation. Tant que le gou-

vernement persistera dans l'envoi des criminels, tant
que chaque année il entrera seulement 20 colons libres
contre 550 criminels, on ne peut dire que la colonie
existe; ce n'est, ce ne peut être, dans ces conditions,
qu'un vaste établissement pénal.

Le but des auteurs de la transportation était:

1° Punition plus efficace que celle des bagnes;

2° Emploi des bras des forçats aux travaux les plus pénibles
de la colonisation;

3° Établissement définitif des *libérés* dans le pays;

4° Absorption de ces *libérés* par une population honnête.

La pratique de ce qui se passe depuis vingt années montre à
tout observateur impartial :

1° Que la nouvelle pénalité est beaucoup moins redoutée des
criminels que la réclusion, peine d'un degré inférieur ;

2° Que si l'emploi des condamnés aux travaux publics est fort
utile, aussitôt que le Gouvernement offre aux colons la main-
d'œuvre pénitentiaire les colons la rejettent à cause de la paresse
et de l'insubordination de ce genre de travailleurs;

3° Que, jusqu'à ce jour, les libérés restent à charge au service
pénitentiaire, qui les recueille dans des asiles;

4° Qu'enfin les colons, malgré leur petit nombre, malgré les
profits immenses qu'ils retirent des dépenses de la transportation,
proclament que les réduire au concours des transportés, c'est
la ruine de la colonie.

Et, cela dit, M. Gautier de la Richerie conclut ainsi:

Nous pensons qu'il était sage et urgent de renoncer le plus
tôt possible au système actuel de la transportation, qui n'est,
qu'on nous permette de le dire, qu'un expédient grossier! (*Atlas
colonial de Bayle.*)

Voilà qui est topique. L'ancien Gouverneur de la Nouvelle-Calédonie donne ses conclusions sur ce qu'il a vu, sur ce que fait le service actuel de la transportation, mais nous ne croyons pas que, dans son esprit, il se soit arrêté à l'impossibilité complète de la colonisation pénale; et nous reviendrons plus loin sur ce sujet si intéressant pour notre société.

Actuellement, c'est d'après les dispositions du décret du 31 août 1878, complété par une décision ministérielle en date du 16 juin 1882, que l'Administration centrale des colonies règle ce qu'elle appelle « *la colonisation pénale* ».

L'Administration pénitentiaire pose d'abord ce principe : Que la loi du 30 mai 1854 a eu deux buts : éloigner de la Métropole une *population dangereuse* pour l'employer aux travaux les plus pénibles de la colonisation et d'utilité publique, et faciliter aux condamnés qui veulent racheter leur faute et se réhabiliter par le travail les moyens de se créer une nouvelle existence.

Le transporté dans la colonie pénitentiaire, sur lequel on opère, doit passer par trois périodes bien distinctes : la première, celle de la *répression*, pendant laquelle il est soumis aux obligations les plus pénibles du décret disciplinaire du 18 juin 1880; la seconde, celle de l'*amendement*, durant laquelle il doit donner des gages certains d'un repentir sincère; la troisième enfin, celle de la *récompense* au cours de laquelle il peut obtenir, avec une liberté relative, une concession provisoire qui devient définitive après sa libération.

Telle est la théorie; en pratique, — et bien que la loi de

mai 1854 ne parle de la mise en concession de terrain *pendant le cours de la peine* que comme une exception, — l'Administration pénitentiaire a jugé qu'il y aurait intérêt pour elle à former des concessionnaires pendant le cours de la peine, persuadée qu'il lui serait alors plus facile de dresser les condamnés sur lesquels elle possède encore toute autorité. Dans cette disposition et poussée d'autre part par les injonctions incessantes du Département, elle a plus que triplé le nombre des concessionnaires de terrain depuis la fin de 1882, et elle a largement usé de la faculté que lui accordent les règlements postérieurs à la loi de mai 1854 pour retirer des travaux publics et placer comme fermiers, avec appui et garantie de l'État, une masse de condamnés qui pouvaient justifier d'un minimum de quatre ans de bagne.

On voit déjà où conduit fatalement cette funeste méthode; on voit déjà ce que vaut l'expérience obligatoire des *périodes de répression et d'amendement* qui, selon le bon plaisir d'un administrateur quelconque, peut être bornée à un laps de *quatre années* de travaux publics, même au bénéfice d'un scélérat condamné à mort et dont la peine aura été commuée en celle des travaux forcés à perpétuité! On entrevoit aussi (et cela soit posé d'une façon générale, sans aucune arrière-pensée au sujet du personnel) ce que pourrait l'arbitraire à l'aide de règlements qui permettent si facilement de soustraire le condamné à la peine que le Juge, en son âme et conscience, a cru prononcer avec l'intime conviction qu'elle serait appliquée. Et comment, avec les antécédents du numéro 981, le condamné à perpétuité

Devillepoix, a-t-on eu la faiblesse d'accorder la mise en concession, sinon parce que les règlements péniten-tiaires, que les « *Notices* » du ministère nous présentent sous un jour vraiment séduisant, sont en réalité insuf-fisants et même dangereux ?

Voyons, maintenant, quels sont les avantages offerts par l'administration pénitentiaire à ses pensionnaires agricoles, pour en examiner ensuite les conséquences inévitables.

1° Une concession de terre arable qui deviendra définitive à la libération ;

2° La ration de vivres pendant trente mois ;

3° Un lot d'outils aratoires ;

4° Le droit de choisir une épouse au couvent de Bourail ;

5° La ration de vivres pour la femme, un trousseau de ménage, un secours pécuniaire de 150 francs.

6° Le droit au traitement gratuit à l'hôpital pour l'homme et pour sa famille pendant trente mois ;

7° Une indemnité de 100 à 300 francs pour la construction de la case d'habitation.

8° Le concessionnaire (*en cours de peine*) peut se faire aider dans son exploitation par des personnes étrangères à sa famille, sans que le nombre de ses ouvriers soit déterminé (*Dépêche ministé-rielle* en date du 28 septembre 1882.)

Nous appellerons tout particulièrement l'attention sur le dernier paragraphe qui permet à un forçat en cours de peine, après un minimum de quatre années de bagne, et sous le plus charmant climat de la terre, ne l'oublions pas, de se créer au détriment de la colonisation libre qui n'a plus de terre en Nouvelle-Calédonie, une fort jolie propriété sur laquelle (s'il a quelque argent de son patrimoine) il pourra vivre en véritable bourgeois n'ayant absolument qu'à donner ses ordres aux ouvriers et domestiques qu'il peut solder!

Est-ce bien là ce qu'à voulu la loi de 1854?

Est-ce ainsi que le Juge, qui condamne, comprend les *travaux forcés?*

Et nous ajouterons à tous les avantages officiellement octroyés aux condamnés concessionnaires l'intervention immédiate de l'Administration dans le cas de calalamités physiques, comme inondations, coups de vent, etc., la préoccupation constante de cette Administration d'assurer l'écoulement des denrées de ses concessionnaires, la faculté de former des syndicats, le tout sans égards aucuns pour la concurrence insoutenable ainsi faite au commerce libre local, au colon honnête qui ne peut compter que sur ses bras.

Si nous jetons un coup d'œil sur le colon libre, sur le colon honnête et travailleur, et si nous nous demandons quels sont les avantages que l'État fait à celui-là, quelle différence, et quelle pitié!

On imagine facilement l'effet pénible que produit sur la population honnête cette situation anormale. Le colon libre est obligé de peiner pour vivre; il faut qu'il use ses bras et casse ses reins à cultiver le sol et, près de lui, il voit le condamné, étendu nonchalamment à l'ombre des bananiers, filant le parfait amour avec une belle faiseuse d'anges, sans souci du lendemain, sûr de ne jamais manquer de rien !

« N'y a-t-il pas là une tentation lointaine pour le travailleur métropolitain que nourrit maigrement son salaire et qui songe aux paresses heureuses des rentiers de *la Nouvelle?* Le crime lui procurera *sans peine* une oisiveté pareille. Pourquoi hésiterait-il?

N'y a-t-il pas là encore un encouragement pour les malfaiteurs, habitués des maisons centrales, pour ces récidivistes auxquels *une dernière faute* laisse entrevoir *une peine sévère*, tandis qu'*un crime sérieux* leur promet et leur garantit *une place de propriétaire*, avec protection de l'État, dans un pays au climat admirable, où la mortalité est une rareté!

Jusqu'à ces dernières années pourtant, malgré tant de précautions, malgré toutes les avances faites aux condamnés concessionnaires en cours de peine par l'Administration, il n'y a eu qu'un nombre fort limité de ces singuliers colons qui soient restés sur les concessions à l'époque de leur libération, c'est-à-dire au moment où ils ont la faculté de devenir propriétaires définitifs du sol ou de renoncer à ce privilège.

C'est ainsi que le condamné en cours de peine ne demande pas mieux que d'entrer en concession, c'est-à-dire de devenir à peu près son maître au lieu de rester astreint aux règlements mêmes des travaux forcés, mais se hâte généralement de remercier l'Administration par un abandon précipité aussitôt l'heure de la libération. Et pourquoi? Nous allons être bientôt édifiés.

En citant plus haut les lignes écrites par un ex-sous-directeur de l'Administration pénitentiaire, nous avons voulu laisser entrevoir au lecteur une partie des abus qui président à l'organisation des centres agricoles pénitentiaires. Abus de toutes sortes, dont le moindre est l'arbitraire dont disposent ou que s'octroient les cinquante administrateurs de tous genres qui dominent les destinées de l'endroit. Le commandant veut ceci, le sous-commandant cela ; chaque agent et sous-agent de colonisation et de culture commande à son tour et à sa manière, etc. etc. Tout ce personnel change et rechange une fois ou deux par an de destination et de localité, et toute mutation entraîne une perturbation nouvelle... Voilà, quant au personnel supérieur ; mais cela n'est rien à côté des mille inconvénients, des mille empêchements qui existent du fait de la disposition même des concessions dans les pénitenciers.

La promiscuité qui règne dans le bagne, pendant l'exécution des travaux forcés, règne encore à la mise en concession.

La promiscuité au bagne aussi bien qu'à la maison de détention a définitivement perdu plus de condamnés que l'instinct du crime lui-même.

On parle bien de catégories, de classes ; oui, tout cela existe sur le papier des règlements et dans le gros livre des « Notices » de la marine, mais sur place ? Il en est de cela comme du reste, belles théories, mauvaise application. Nous avons vu, nous, toutes les classes du bagne mélangées, employées aux mêmes travaux, sur les mêmes chantiers. Nous avons vu certains forçats, appuyés sur l'outil, la cigarette à la bouche, invectiver les hommes de bonne volonté cherchant à faire plus consciencieusement leur besogne.

C'est qu'il faudrait un grand travail, un labeur de toutes les heures, une grande patience, un grand tact, une véritable habileté, un sérieux amour de l'humanité, une abnégation absolue pour étudier chacun de ces êtres, pour le classer d'après ses instincts, d'après son caractère, d'après ses aptitudes, et l'empêcher ensuite d'avoir aucun contact avec des éléments corrompus et perdus à jamais pour la société. Il est toujours plus facile de feindre que tout est mauvais, de jeter tout au même tas et de laisser aux seuls registres le soin d'indiquer les classes et les catégories aux inspecteurs généraux, *auxquels on ne montre jamais que ce que l'on veut qu'ils voient*, et qui, du reste, ne sauraient tout voir par eux-mêmes.

Là, cependant, est la cause première, la cause capitale de l'insuccès : dans la masse des condamnés aux travaux forcés il se rencontre des malheureux qui, sans être d'essence mauvaise, ont été entraînés par un coup de tête ou ont cédé au mauvais exemple; ils ont commis un crime dans un moment de surexcitation ou de folie passagère, mais ils redeviennent hommes après réflexion et déplorent l'acte coupable... Eh bien! ces malheureux sont, au bagne, plongés dans un milieu tel qu'ils s'y perdent définitivement ou qu'ils y meurent fatalement de chagrin et de dégoût s'ils ont assez de force d'âme pour résister à l'exemple et aux mauvais traitements de ceux qu'ils ne veulent imiter!

Le livre des « *Notices* » nous dit bien que l'on veille attentivement à la division raisonnée, au partage immédiat des convois, à leur arrivée à la colonie, selon le genre des crimes qui ont motivé les condamnations, etc. C'est une excellente précaution sans doute; mais, hélas!

la sous-direction des colonies est-elle bien certaine que ses ordres soient exécutés à la lettre; est-elle bien assurée seulement que les dispositions locales se prêtent à ce triage si nécessaire? Non, malheureusement en effet, tout cela n'est pas.

Au pénitencier agricole, nous retrouvons cette promiscuité infernale, ce mélange monstrueux qui constitue un élément d'insuccès par excellence. Les pénitenciers agricoles sont concentrés sur des points donnés; les concessionnaires y sont délimités les uns à côté des autres; pendant des lieues se succèdent les lots occupés par les condamnés; ce sont des bagnes ruraux installés à proximité de la maison-mère, et, pas plus dans ceux-là que dans celle-ci, il n'est loisible au condamné de se recueillir, de se repentir, de se régénérer par le travail..., car, à ses côtés, les Devillepoix s'agitent, le vice et le crime sont encore là qui le narguent, qui l'excitent, qui l'entraînent. Veut-il résister? Oh! alors, toutes les tracasseries, toutes les misères, toutes les calamités pleuvent sur son bien et sur sa personne, les Devillepoix incendient son toit et sa récolte; aussi, fou de douleur et de rage, il maudit la société et fuit sa concession aussitôt que les règlements le lui permettent.

Voilà ce que sont en réalité ces magnifiques pénitenciers agricoles du trop fameux Bourail et d'autres lieux, ses dépendances, et voilà comment on y pratique la régénération rêvée par la grande loi philanthropique de 1854.

Eh bien! dans le livre du ministère, M. l'inspecteur

Leclos est *ravi de ce qu'on lui a laissé voir* dans ces centres agricoles :

> J'ai visité plusieurs concessionnaires dans les différents centres... Ce sont des gens établis, de véritables propriétaires ! J'ai vu notamment *deux condamnés à perpétuité*, mariés à des femmes libres, qui ont constitué une véritable ferme... A ceux-là, à coup sûr, on peut donner leur grâce, la liberté, etc...
>
> « *Pascite boves, submittite tauros.* »

Puis il cite cinq concessionnaires qui paraissent dans une voie excellente et il conclut ainsi :

> En thèse générale, je suis content des concessionnaires.

Mais si nous feuilletons le livre, nous trouvons (page 44) une appréciation de l'inspecteur qui ressemble à un sanglot au milieu de transports d'allégresse :

> Dans les pénitenciers agricoles, dit M. Leclos, il ne faudrait pas que l'externat permît aux enfants de retourner chaque soir chez leurs parents et d'y *perdre tout le bien moral qui leur aura été fait pendant le jour !*

Combien est éloquent ce membre de phrase arraché au fonctionnaire par la force irrésistible de la vérité, et comme l'inspecteur Leclos a bien senti, malgré toutes les précautions qu'on a dû prendre pendant sa promenade dans les centres agricoles, qu'il ne peut rien sortir de bon d'une société exclusivement composée d'éléments vicieux... Aussi pense-t-il à y soustraire les enfants ; mais l'idée qu'il faudrait en tirer les parents eux-mêmes ne paraît pas lui être venue. Il n'a point été frappé de *l'immoralité de la mise en concession du condamné en cours de peine* et, marchant dans la voie tracée et choyée par ceux qui le dirigent lui-même, il fait l'éloge des deux condamnés à perpétuité qui ont préféré au séjour du bagne la création et la direction d'une bonne ferme de produit... Parbleu ! Monsieur l'inspecteur, nous connaissons des milliers d'honnêtes Français qui cassent des pierres sur les routes, au grand soleil, à la pluie ou à la neige, qui préféreraient bien aussi une petite installation comme celle que l'État fait à vos deux malfaiteurs condamnés à perpétuité ! *C'est un vrai bonheur que vos travaux forcés !*

On ne parle, on n'agit, au ministère, que d'après les rapports des inspecteurs. Les Représentants, eux, ne sont pas gens assez désintéressés dans les questions qui touchent à leurs pays respectifs ! ils en font des questions de clocher ! et leurs appréciations sont suspectes ! etc. *Le rapport de l'inspecteur,* **lui**, *ne trompe jamais;* on peut assurément se fier à ses appréciations et à ses chiffres. *Pourquoi* irait-on douter un seul instant de ce qu'écrit un fonctionnaire aussi honorable et aussi impartial? Assurément, l'inspecteur est de bonne foi, il est animé toujours du meilleur désir de dire la vérité et de *ne blesser personne,* ses rapports sont rédigés toujours dans *le meilleur esprit...* Mais qui ne sait ce que valent ces sortes de documents? Est-il possible qu'à six mille lieues de distance, dans une colonie où il passe trois mois, un inspecteur puisse voir autre chose que ce que l'autorité locale, qui le reçoit et l'héberge, a décidé de

lui montrer? Quels que soient sa perspicacité et son
zèle, il n'ira qu'où on le mènera et *l'autorité locale,
intéressée, saura toujours lui masquer les points noirs.*

Pour donner une faible idée de l'exactitude des renseignements pris sur place par les inspecteurs, nous
citerons les chiffres attribués à la population agricole
de la Nouvelle-Calédonie par M. Leclos (chiffres repro-
duits par M. le sous-directeur des colonies dans une
communication que fit ce fonctionnaire au Conseil
supérieur des colonies). M. l'inspecteur annonce : *cent
cinquante colons* dont cent éleveurs et cinquante agriculteurs! En réalité, **il y en a plusieurs milliers**; *on
peut juger du reste!*

Le véritable juge dans la question si grave qui nous
occupe, le rapporteur le plus sérieux, c'est *le peuple
colonial,* qui voit tous les jours, observe à toutes les
heures et souffre continuellement. *Cet inspecteur-là ne
se trompe pas.* Il connaît le fort, le faible, et, n'ayant
ni places, ni faveurs, ni influences à ménager, il met
carrément et franchement le doigt sur la plaie.

Il sait, lui, que l'article 2 de la loi du 30 mai 1854
dit en propres termes :

Les condamnés seront employés aux travaux les plus pénibles
de la colonisation et à tous les autres travaux d'utilité publique.

Il ne trouve rien, absolument rien dans la loi qui
puisse autoriser les administrateurs des bagnes à retirer,
à détourner de ces travaux les forçats en cours de peine
pour leur faire une situation telle que nos honnêtes

paysans et nos braves ouvriers de France, après une vie de travail acharné ne sauraient en acquérir une semblable. (Le terme conditionnel de l'article 11 de la loi établit clairement que la mise en concession pendant le cours de la peine doit être une rare exception.)

Il constate, ce bon peuple colonial, que les travaux forcés ne s'exécutent pas, que l'Administration pénitentiaire non seulement met en concession de terre jusqu'à des condamnés à perpétuité, après un minimum de quatre ans de bagne, mais encore place les condamnés qui n'ont même pas terminé ces quatre années de travaux forcés comme écrivains, garçons de bureau, dessinateurs, domestiques, jardiniers, etc. etc.

Il constate que *ce qui se fait le moins* dans une colonie encombrée de forçats, *ce sont* les travaux pénibles de la colonisation, les travaux publics, en un mot *les travaux forcés.*

Il constate... et personne ne peut le contredire, qu'après trente ans de transportation pénitentiaire, la Nouvelle-Calédonie en est encore à désirer la confection de ses travaux publics; qu'elle ne possède à peu près pas de routes; qu'elle n'a pas de ponts, pas de jardins, pas de pépinières publiques; que les places et les rues de Nouméa sont des cloaques, la ville n'a pas d'égouts, sa caserne d'infanterie laisse aller ses déchets sur la voie publique; qu'il n'y a ni docks, ni bassins, ni chantiers, ni ateliers de construction ou de réparation; tout bâtiment marchand ou de l'État qui subirait des avaries majeures dans les environs de la colonie et ne pourrait gagner l'Australie, serait irrévocablement perdu, faute d'un outillage capable de le réparer.

Et la colonie possède de douze à quatorze mille travailleurs forcés!

Il sait aussi, le peuple calédonien, à quoi l'Administration pénitentiaire emploie les terres que l'État arrache à la colonisation libre pour les livrer à ce minotaure exotique; et il ne peut, malgré tout son amour et tout son respect, retenir un cri de protestation vers la Mère-patrie. Il sait ce que valent ces centres, ces pénitenciers agricoles où des terres si précieuses, les meilleures de l'île, l'espoir de la petite colonisation libre, sont distribuées aux Devillepoix de la Métropole; il connaît la régénération qui s'y opère; il a vu se dérouler sous ses yeux le célèbre procès intenté par des concessionnaires de Bourail, ou à leur instigation, contre l'un des fonctionnaires de l'Administration pénitentiaire, l'inspecteur Bascours et quelques employés subalternes. Ce procès, à lui seul, prouve surabondamment la stérilité de l'action colonisatrice de cette Administration, son danger même ainsi qu'elle est conçue, puisqu'elle prive la colonisation honnête d'un territoire immense et que, sous sa direction, ces beaux domaines se transforment en bourbiers malsains où tous les vices et tous les crimes surnagent, étouffant régulièrement tout effort, toute tentative honnête... où, selon l'inspecteur Leclos, les propres enfants des concessionnaires *ne devraient jamais rentrer le soir, en sortant de l'école, sous peine de perdre le fond de moralité qu'ils ont acquis pendant le jour!*

Et non seulement l'Administration de la transportation distribue le domaine colonial à ses Devillepoix, mais encore elle accapare à titre onéreux les propriétés les mieux situées de l'île pour y immobiliser, dans des cultures insensées de canne, de maïs et de haricots, plusieurs centaines de forçats qui, là, vivent en paix loin des travaux publics et entretiennent luxueusement plusieurs fonctionnaires que l'on nomme des agents de colonisation. Mais, au moins, trouve-t-on dans ces exploitations des pépinières où peuvent se munir les colons de l'intérieur? Il n'en est absolument rien; les plants, quand on songe à en faire venir, sont tirés à grands frais de la Réunion et d'ailleurs, et apportés dans des serres spéciales par les navires de l'État qui viennent faire ces voyages.

L'Administration pénitentiaire n'est pas sans doute sans avoir compris l'inconvénient capital de sa méthode et de ses concentrations de condamnés. La loi, si elle est prudente, ne peut pas les y autoriser; et si elle les y autorisait, il importerait de la reviser de suite sur ce point. Mais nous supposons comme toujours que celui qui agit est intéressé à agir; c'est l'éternel axiome « *fecit cui,prodest* ». On tient à cette méthode parce qu'elle a, pour ceux qui l'exploitent, de nombreux avantages. *Supprimer à l'Administration pénitentiaire coloniale toute sa partie agricole, c'est absolument enlever à un roi son royaume et, quand on sait ce qu'un roi fait de son royaume* et ce qu'il en tire, *on comprend combien l'Administration pénitentiaire doit tenir à son domaine agricole.* L'Administration pénitentiaire de la Nouvelle-Calédonie bornée à l'île Nou, par exemple, ne coûterait plus à l'État que trois ou quatre millions au lieu de dix ou douze qu'elle absorbe actuellement — elle perdrait, du coup, moitié de son importance et les trois quarts du personnel qui compose son armée. Elle n'aurait plus de places à distribuer, elle ne pourrait plus exploiter ces domaines qui la posent au rang des gros propriétaires du monde, qui ruinent l'État, c'est vrai, mais qui procurent à ses divers membres tant de petites jouissances... Elle ne pourrait plus enfin prendre la parole et dicter ses conditions aux assemblées locales, et conduire la colonie en lisière.

La concentration de condamnés concessionnaires, pendant qu'ils sont en cours de peine, est une immoralité, un danger, une atteinte à l'esprit de la loi, qui laisse parfaitement entendre, par les commentaires de la commission que nous avons cités plus haut, que c'est surtout au libéré qu'elle s'adresse et non au forçat proprement dit. Cela ne saurait être douteux pour personne, et l'on comprend parfaitement aussi que c'est, en réalité, proposer pour les condamnés en cours de peine vraiment méritants la remise du reste de cette peine, que de les inscrire au nombre des concessionnaires. En d'autres termes : *les libérés seuls* devraient être admis *en concession de terre*, et tout condamné de première classe qui, par ses efforts et son repentir avéré, mériterait cette haute récompense, devrait préalablement être gracié; voilà, selon nous, la seule véritable interprétation de l'esprit de la loi sur la réhabilitation par le travail.

Dans ces conditions, l'application des principes de

régénération et de réhabilitation redevient possible; le libéré digne d'une concession, n'offrant plus de danger pour les colons libres, peut être placé en concession sur n'importe quel point de l'île, au milieu de la population libre, et loin du lieu où il aura subi son châtiment; il peut être dirigé même, ce qui vaudrait beaucoup mieux encore, sur des terres nouvelles comme les Hébrides et les Salomon.

Mais alors, si l'on n'opère plus sur les brebis galeuses du bagne que l'on se donne ainsi prétexte à parquer dans des centres spéciaux comme Bourail, la Fonwari, le Diahot, comment l'Administration pénitentiaire pourra-t-elle motiver son action dans ces magnifiques vallées, les plus belles, les plus riches de la Nouvelle-Calédonie? Comment pourra-t-elle justifier la nécessité où elle a placé l'État de lui livrer, par décret du 16 août 1884, *cent dix mille hectares* de terre pour y continuer ses tentatives de colonisation pénale avec les éléments que l'on connaît? *Là est le nœud de la question.* Si l'on applique la loi comme elle doit l'être, comme elle le sera très certainement un jour, alors que nos gouvernants auront touché du doigt l'immoralité de l'exploitation actuelle, le libéré devient un colon ordinaire, auquel on pourra faire la faveur d'une cession de terre s'il l'a méritée par sa bonne conduite pendant l'exécution de sa peine, et l'Administration pénitentiaire est, de ce jour même, réduite aux rivages de son île Nou, en face de Nouméa, ce qui est, du reste, déjà quelque chose.

A partir de ce jour, le chef de l'Administration de la transportation, qui est actuellement un personnage, ne sera plus qu'un simple fonctionnaire, et toute l'Administration perdra une grande partie de l'importance qu'elle se donne dès qu'on lui supprimera cette faculté choquante et immorale de placer en concession de terre un forçat en cours de peine.

Le principal argument de l'Administration pénitentiaire de la transportation en faveur du maintien de la mise en concession pendant le cours de la peine, est la nécessité de dresser le futur colon libre au travail de la terre, de le plier à ce labeur pendant qu'on a tout pouvoir sur lui et de façon que, à sa libération, il puisse se subvenir à lui-même, nourrir sa famille, sans être plus longtemps à charge à l'État.

C'est, en effet, un raisonnement fort bien imaginé et fait pour être particulièrement agréable aux oreilles de l'Administration centrale, à laquelle la commission du budget ne fait pas toujours compliment sur son économie. Mais les chiffres opposent un démenti formel aux prévisions que laisse entrevoir cette combinaison ; les trois quarts des condamnés concessionnaires en cours de peine abandonnent leurs concessions à l'heure de la libération, et l'État héberge et nourrit dans certains refuges des masses de libérés qui ne veulent absolument faire quoi que ce soit... Bien mieux, chose fort curieuse, mais éminemment triste, des escouades de condamnés sont cantonnées à proximité de ces refuges de fainéants pour en faire le service! *Tout cela est presque incroyable !*

Si, du reste, il y avait un intérêt réel à ce que les condamnés méritants soient initiés au labeur agricole quelque temps avant leur libération, l'Administration pénitentiaire n'a-t-elle pas actuellement les plus larges moyens d'essais ? N'a-t-elle pas toutes ses fermes particulières qui servent de sinécures à son escouade d'agents de culture et de colonisation? N'a-t-elle pas en outre affermé les vastes propriétés de Koutio-Koueta, Nimba, etc. etc., où tous ces agents sont, paraît-il, occupés à dresser des centaines de condamnés à ce même labeur agricole ? Avec tant de moyens d'entraînement et de dressage, est-il donc réellement encore besoin d'ériger en bons fermiers, ne courant ni risques ni périls, dotés et nourris, mariés et pourvus par l'État, des Devillepoix et des Fenayrou ? Ce qui est patent, c'est l'insuccès absolu de tous ces tristes essais.

CHAPITRE III

Avant d'aller plus loin, il importe, selon nous, de rendre compte de ce que sont réellement les travaux forcés pendant ce que l'on appelle en Calédonie le cours de la peine, de la manière dont ils sont exécutés, des procédés employés, des moyens dont disposent l'Administration pénitentiaire et ses agents les surveillants militaires pour contraindre le condamné au travail.

Le bagne n'a plus du tout, aux Colonies, cette physionomie lugubre que Rochefort et Toulon ont gravée dans notre mémoire; plus de ces cages hideuses dont Rochefort possède encore aujourd'hui des échantillons effrayants et où l'être humain devenait bête féroce; plus de coups, plus de fouet, plus de cris de douleur et de rage; le forçat n'est même plus cet objet de répulsion dont l'aspect terrorisait les enfants et faisait se signer les bonnes femmes; il jouit d'une situation, il jouit de privilèges, il a ses droits à lui, il s'en réfère à son règlement devant les ordres des chefs, il exige ce qui lui est dû par l'État, il a une paye comme un soldat, il peut faire des réclamations à son directeur et il peut obliger le surveillant militaire dont il relève à transmettre à ce directeur les plaintes qu'il formule contre ce même surveillant militaire... En un mot, le forçat est aujourd'hui une personnalité, et un pensionnaire de l'État, absolument comme peut l'être un invalide auquel on *passe* le coucher, la ration et quatre sous pour le tabac, à condition qu'il donnera un coup de balai dans la cour ou un coup de râteau dans le jardin. — Seulement, comme l'invalide n'est pas redoutable, et comme on a le droit de le mettre à la porte pour une infraction au règlement, on est très exigeant à son égard, tandis que le forçat étant dangereux et ne pouvant être remercié, on le flatte et on l'engraisse pour avoir la paix, surtout depuis que l'on n'a plus en main les moyens de coercition, la corde qui le contraignait au travail... Loin de nous l'idée du rétablissement de ces ignominies, mais nous devons constater la situation actuelle, conséquence de leur suppression, de l'insuffisance des mesures admises pour les remplacer, et des attentions constantes et outrées de l'Administration à l'égard du forçat.

Sur les navires de l'État qui effectuent le transport des forçats et des passagers libres, civils et militaires à la Nouvelle-Calédonie, les premiers sont indiscutablement les moins malheureux. A bord de la *Loire*, transport de premier rang (voyage de 1873), les six cent cinquante forçats étaient exempts de toute corvée désagréable, mais le commandant Jacques, dit La Pierre, exigeait des passagers libres le service des pompes alimentant la distillerie, service excessivement pénible vu la disposition des appareils en face d'un fourneau

chauffé à blanc, et le service de certains cabinets où
tout le monde avait affaire et où eux seuls étaient forcés
de passer le fauber. Les condamnés, en paix dans leurs
logements, écrivaient leurs impressions de voyage...
Craignait-on de leur laisser quelque liberté à bord,
qu'ils n'avaient point à mettre la main aux travaux
pénibles qu'on exigeait des passagers libres? Nullement,
car tous les jours les forçats étaient admis à prendre le
soleil sur la dunette même de l'arrière (promenade
réservée aux seuls officiers et au commandant). Voici,
du reste, une dépêche ministérielle adressée au Gouverneur de la Nouvelle-Calédonie, en date du 28 août
1882, qui établit parfaitement la situation et constate
officiellement la sollicitude extraordinaire de l'Administration centrale pour ses passagers pénitentiaires :

(Page 374)   Monsieur le Gouverneur,

Par une lettre du 22 juin dernier, vous avez cru devoir faire
remarquer que les condamnés passagers à bord des bâtiments de
la flotte sont mieux traités sous le rapport des vivres que les
marins des équipages punis disciplinairement de la prison, et
cette situation vous a paru contraire à l'équité.

Les condamnés reçoivent, il est vrai, 23 centilitres de vin au
dîner, tandis que les marins punis de la prison n'ont droit à cette
allocation *qu'en cas de travail*, mais cette disposition n'a rien
d'anormal.

La peine de la prison est généralement de courte durée et,
dans tous les cas, elle ne doit jamais se prolonger au delà de
deux mois. Dans ces conditions, la privation de vin est essentiel-
lement accidentelle et temporaire, et les hommes peuvent la sup-

porter *sans aucun inconvénient pour leur santé ;* cette mesure n'est d'ailleurs appliquée qu'à un petit nombre de marins.

Les dispositions concernant l'alimentation des condamnés ont, au contraire, un caractère personnel et général. Or, il ne faut point perdre de vue que ces individus arrivent à bord affaiblis par une détention d'une certaine durée et souvent aussi par des *excès antérieurs à leur arrestation.* De tels hommes ne peuvent évidemment être maintenus en bonne santé, pendant une longue et pénible traversée, qu'au moyen d'une nourriture substantielle.

Il s'agit, du reste, dans l'espèce, non seulement d'une question spéciale à cette catégorie de rationnaires, mais encore d'une question d'intérêt général, car les condamnés *malades faute d'une alimentation suffisante* pourraient devenir une cause de danger pour la santé des équipages des bâtiments.

D'un autre côté, l'Administration pénitentiaire, à laquelle incombent les frais de passage des condamnés, a grand intérêt à ce que *ces hommes soient aussi sains et vigoureux que possible* lors de leur arrivée à destination.

Par ces diverses considérations, j'ai l'honneur de vous faire connaître que la composition de la ration des condamnés passagers à bord des bâtiments de l'État ne me paraît comporter aucune modification.

Recevez, etc.

Pour le Ministre et par délégation :

LE VICE-AMIRAL DIRECTEUR DU MATÉRIEL,

E. DE JONQUIÈRES.

Cette lettre serait écrite en faveur des passagers libres, conduits en Calédonie sur les bateaux de l'État, qu'elle nous paraîtrait pleine de bon sens et d'opportunité, car nous ne saurions dépeindre les souffrances physiques et morales imposées à ces malheureux que l'on persiste à considérer à bord comme de véritables intrus, auxquels on refuse la moindre douceur; auxquels, sur la *Loire,* on n'a pas accordé un seul *quart d'eau pure* (passagers hommes) pendant toute la traversée de 1873, alors qu'au risque de compromettre leur santé on les contraignait à entretenir d'eau la machine à distiller... Non, cette dépêche est transmise à un Gouverneur qui n'a pú maîtriser un mouvement de surprise indignée en constatant que toute la sollicitude ministérielle se concentrait sur le forçat, en oubli complet du marin et de l'homme libre, et, on cherche à lui prouver que *de tels hommes* (les forçats !) *ne peuvent évidemment être maintenus en bonne santé, pendant une longue et pénible traversée, qu'au moyen d'une nourriture substantielle...!!!* etc. etc.

... Et un vice-amiral trouve qu'il est équitable que les condamnés aux bagnes aient du vin à dîner, tandis que ses marins punis seulement de la prison n'en reçoivent pas : *Cette disposition,* dit-il au Gouverneur, *n'a rien d'anormal!*

C'est à peine si l'on peut croire à de pareilles énormités, mais le texte est officiel, il occupe les pages 374 et 375 de la notice de 1880-1881.

Arrivé à destination, la nourriture du forçat est saine et suffisante, comme on en peut juger par le tableau suivant (notice 1880-1881, page 57).

NATURE DES DENRÉES	UNITÉS	QUANTITÉ PAR RATION	DÉJEUNER	DÎNER	SOUPER
Pain frais.................	Kilogramme	0 750	0 250	0 250	0 250
Farine....................	d°	0 550	»	»	»
Biscuit..	d°	0 550	0 183	0 183	0 184
Vin (1)..................	Litre	0 23	»	0 23	»
Tafia (2).................	d°	0 06	»	0 06	»
Viande { de bœuf (3)	Kilogramme	0 250	»	0 250	»
Viande { de mouton (3)	d°	0 250	»	0 250	»
Conserves (4)	d°	0 200	»	0 200	»
Lard salé (5)...............	d¹	0 200	»	0 200	»
Fèves décortiquées (6).......	d°	0 120	»	0 120	»
Légumes secs (*fayols* ou fèves (7)................	d°	0 100	»	»	0 100
Riz (8)....................	d°	0 060	»	»	0 060
Huile d'olive (9)...........	d°	0 008	»	»	0 008
Vinaigre (10)..............	Litre	0 025	»	»	0 025
Sel (11)....................	Kilogramme	0 014	»	»	»
Café.....................	d°	0 015	0 015	»	»

(1) Les dimanche, mercredi et vendredi de chaque semaine.
(2) Les lundi, mardi, jeudi et samedi de chaque semaine.
(3) Les mardi, jeudi et dimanche de chaque semaine.
(4) Les lundi et mercredi de chaque semaine.
(5) Le samedi de chaque semaine.
(6) Le vendredi de chaque semaine.
(7) Les *fayols* sont délivrés les mardi, jeudi et samedi de chaque semaine, et les fèves le dimanche.
(8) Le riz est délivré les lundi, mercredi et vendredi de chaque semaine.
(9) Le vendredi avec les 0^K 120 de fèves ou autres légumes secs.
(10) Les mardi, jeudi, samedi et dimanche de chaque semaine, avec les fèves et les *fayols*.
(11) Sur cette quantité, 0^B,004 sont employés pour la panification.

Pour rester vrai et juste en toute chose, nous devons dire, après constatation de faits particuliers, qu'il y aurait avantage à donner moins d'accessoires et plus de pain au condamné qui travaille d'une façon suivie et consciencieuse; nous reconnaissons aussi, toujours en nous basant sur des faits qui se sont passés sous nos yeux, que le condamné ne reçoit pas toujours intégralement sa ration; on offre quelquefois aux colons de l'huile d'olive et des liquides qui proviennent forcément de rognures de cette ration! Comment s'opèrent ces prélèvements? Il reste à l'Administration à le savoir, mais les colons sont depuis longtemps renseignés sur ce point.

Nous n'avons d'autre but, en publiant le document qui précède, que de montrer à ceux qui se font une idée terrible du bagne qu'on peut facilement y vivre et que bien des malheureux honnêtes s'abonneraient volontiers à un régime semblable au sien; nous connaissons, pour notre part, de nombreux colons à la Nouvelle-Calédonie réduits pour vivre à un labeur autrement pénible que celui des forçats et qui ne voient jamais une goutte de vin!

Non seulement l'État nourrit bien ses forçats, mais il les paye:

Arrêté du 15 septembre 1880 (page 324, notice de 1880-1881)

ARTICLE PREMIER

Les journées de travail des condamnés aux travaux forcés seront payées suivant le tarif ci-après :

1re classe	Chef d'atelier ou de chantier........	0 fr.	40
	Ouvriers d'art	0	30
	Manœuvres....................	0	20
2e classe	Ouvriers d'art...................	0	20
	Manœuvres....................	0	15

ART. 2

Les salaires qui seront accordés à titre de récompense exceptionnelle aux condamnés aux travaux forcés de la 3e classe ne devront, en aucun cas, être supérieurs à ceux fixés pour la 2e classe.

ART. 3

Les rations de tabac, de vin ou de tafia qui peuvent être accordées pour travaux exceptionnels, à titre de gratification, aux condamnés de 1re, 2e et 3e classes, sont fixées comme suit :

Tabac.............. 25 grammes.
Vin.............. 23 centilitres.
Tafia.............. 06 centilitres.

Les rations de vin ou de tafia qui pourront être délivrées deux fois par semaine aux condamnés de la 4e classe seront composées suivant les indications ci-dessus.

L'arrêté du 27 août 1881 (page 416) détermine de la manière suivante les *salaires* des ouvriers d'art exerçant leur profession.

CONDAMNÉS

De 1re classe, ouvrier d'art de 1re catégorie : 30 centimes (1).
Dé 1re —　　　—　　　2e　—　　25　—
De 2e —　　　—　　　1re　—　　25　—
De 2e —　　　—　　　2e　—　　20　—

(1) Nous pouvons citer un condamné, le nommé Maléjac, qui entra comme manœuvre maçon dans les ateliers pénitentiaires à raison de cinq francs cinquante centimes par jour et les vivres pour 30 mois ; ce Maléjac avait pour *domestique* un libéré du nom de Lecharpentier, auquel on avait refusé, quoiqu'il fût libéré, la place donnée à Maléjac, un condamné !

Ces ouvriers d'art peuvent être transformés en instructeurs et être chargés chacun de former un ou deux apprentis; ils reçoivent alors, outre le salaire habituel, une gratification par journée d'enseignement.

POUR DEUX APPRENTIS	
Minimum	Maximum
o fr. 20	o fr. 30

Quant aux apprentis, ils reçoivent un minimum de o fr. 05 et un maximum de o fr. 15.

Ainsi, comme on vient de le voir, pendant la période obligatoire des travaux forcés, pendant ce minimum de quatre années dont le forçat doit justifier avant de pouvoir aspirer à la mise en concession, il existe encore des accommodements avec la mansuétude de l'Administration pénitentiaire; le condamné un peu roublard qui sait ne pas trop taquiner ses surveillants et faire, à point opportun, l'obséquieux avec ses chefs, arrive à se créer une petite situation assez confortable, avec une paye et des gratifications. Même, s'il est agréable et habile dans son service, les fonctionnaires et les employés se disputent cet oiseau rare, ils le transforment bien vite en cuisinier, en jardinier, en larbin quelconque, et nous en avons vu, à Nouméa, qui assassinaient la maîtresse de la maison où ils étaient employés comme *garçons de famille*, parce que, disaient-ils à l'audience: « Madame n'avait plus pour nous les mêmes prévenances et, depuis quelque temps, nous avions remarqué que les *beefsteaks laissaient à désirer* » (sic)!

Beaucoup sont placés comme garçons de bureaux, comme écrivains, comme dessinateurs ; on en a vu qui faisaient marcher des bureaux entiers et jouissaient à un tel point de la confiance de leurs chefs qu'ils ont trouvé le moyen de délivrer des permis de mise en concession, etc., sans qu'on ait pu tout d'abord s'apercevoir de la fraude.

Nous avons sous les yeux une lettre d'un commissaire central de Nouméa établissant que certains condamnés, placés comme écrivains dans les bureaux (secrétaire de chef de camp), faisaient donner — moyennant rétribution — des emplois de garçons de famille à des forçats, de la pire espèce, mais qui parvenaient, à l'aide de leur concours, à obtenir du chef de camp des notes qu'ils ne méritaient point.

La notice ministérielle porte trace des efforts tentés par l'autorité centrale pour mettre un terme à de pareils abus ; mais le ton des dépêches établit suffisamment qu'il n'est pas assez tenu compte de ces observations par l'Administration pénitentiaire : .

Page 402, *dépêche du 24 novembre* 1882, au sujet de la tentative d'assassinat sur la fille du commandant du pénitencier de l'île Nou. — Page 422, *nouvelle dépêche du 9 mars* 1883, constatant qu'il existe toujours des condamnés écrivains et les interdisant à nouveau.

Les forçats en cours de peine peuvent être placés chez les colons de l'intérieur pour y être employés aux travaux agricoles, au jardinage, à la garde du bétail, et nous avons rencontré, dans ces conditions, des condamnés aux travaux forcés à perpétuité pour homicide volontaire ; ces hommes sont en pleine liberté au milieu de la population honnête ; ils vont et viennent à cheval comme à pied et l'on en rencontre même en voiture, faisant le service des fermes dans les environs de Nouméa. C'est pour cette raison, et pour bien d'autres, qu'en 1881, par exemple, le Ministre se plaint que, *sur un effectif de sept mille hommes*, sans compter les libérés, *trois cent soixante condamnés seulement* ont été *employés aux travaux des routes !* C'est aussi avec cette singulière facilité laissée aux forçats dans l'exécution de leur peine qu'on est arrivé, *en 1880*, à constater *six cent quarante-sept cas d'évasion* sur les différents points de l'île ! Chez les colons, le forçat est nourri et payé comme un engagé ordinaire, l'indemnité fixée officiellement par l'Administration pénitentiaire n'est que de six francs par mois, il est vrai, mais l'engagiste sait parfaitement qu'il devra payer son engagé vingt, trente, et jusqu'à cinquante francs s'il ne veut avoir promptement des refus de travail, des simulacres de maladies, des observations désagréables, une existence intolérable qui doit amener une séparation à bref délai.

Des forçats en cours de peine sont souvent, aussi, attachés aux différents fonctionnaires qui circulent dans la colonie, les géomètres, les conducteurs des ponts et chaussées, les officiers employés au cadastre, etc. Il n'est pas rare de rencontrer deux ou trois forçats, détachés de ces escouades, allant seuls à de longues distances faire le service de pourvoyeurs et transportant à petites journées, dans la liberté la plus absolue, des dames-jeannes de vin ou de tafia!

Et si l'on veut bien examiner avec nous ce qui se passe dans l'intérieur du bagne même, on sera frappé bien plus encore de l'*état actuel du travail forcé*, de la façon dont il est effectué, de la *situation du forçat par rapport au malheureux sous-officier qui le surveille*, et par rapport au règlement qui le dirige.

Jadis, le fouet, la corde étaient la terreur du condamné; il travaillait sous la terreur de leur menace; notre civilisation a dû abolir cette torture ignoble et aujourd'hui le forçat se rit des moyens coërcitifs que l'on oppose à sa force d'inertie et à son insolence. A chaque page le volume des notices porte trace de l'impuissance des surveillants et de l'innocuité des instruments de répression qui leur sont tolérés, et, partout où le surveillant poussé à bout essaye de prononcer la peine la plus effective, partout l'Administration centrale le rappelle immédiatement au règlement, si la punition n'est pas exactement celle qui doit s'appliquer au délit prévu par ce règlement:

Page 342: D... (n° 657), 5ᵉ classe, puni d'un mois de cellule pour refus de travail, ne devait être puni que de prison de nuit et de boucle double. H... (n° 2748), puni de quinze nuits de prison et de boucle double pour ivresse (récidive), n'aurait dû être puni que de la privation de salaire. B... (n° 2837), puni de huit mois de fer pour paresse au travail (récidive), ne devait être puni que de la privation de salaire, etc.

On voit par ces exemples qu'un forçat qui persiste à ne rien vouloir faire ne peut être puni que de la privation *de salaire*, et il n'est pas besoin d'insister sur l'efficacité que doit avoir cette punition sur un criminel endurci qui sait, d'autre part, que l'État est tenu de l'entretenir et de le nourrir quand bien même il s'obstine à ne rien faire, pourvu toutefois qu'il ait la prudence de ne pas proférer un refus positif et formel de travail, car alors on pourrait lui couper les vivres ! — Un forçat insoumis, puni d'une privation de salaire... Que l'on réfléchisse bien à cette énormité !

Il suit aussi, très évidemment, de ce qui précède que le condamné aux *travaux forcés* peut exécuter sa peine en faisant tout simplement un *simulacre perpétuel de travail*. Et, de fait, c'est exactement ce qui a lieu pour tous les forçats de Nouvelle-Calédonie ; il est avéré que le travail de dix condamnés ne vaut pas à beaucoup près celui d'un homme libre.

Il est absolument écœurant, en passant près des chantiers pénitentiaires, de voir ces centaines d'hommes s'étudiant à tromper la vigilance de leurs gardiens, se bornant à changer leurs outils de place lorsque passe le surveillant, et haussant les épaules d'un air de profond mépris lorsque celui-ci se permet une observation quelconque. Un jour, à la butte Conneau, près du port de Nouméa, un condamné feignait de travailler en s'appuyant sur son pic, le surveillant le rappela à l'ordre et le forçat, partant d'un éclat de rire, se retourna vivement et le perça de part en part d'un coup subit et violent de son terrible outil !

On dira évidemment que l'on peut s'attendre à tout de misérables déjà condamnés pour les crimes les plus horribles; mais c'est précisément la raison pour laquelle on doit constamment être sur la défensive, pour laquelle la plus petite infraction doit être punie de la peine la plus grave, pour laquelle enfin certaines catégories de malfaiteurs doivent être isolées du reste des humains. Comment! le législateur a voulu aggraver la peine des travaux forcés en la compliquant de celle de la transportation, et voilà que ces peines combinées restent inférieures à celle de la réclusion ordinaire ? Et voilà que l'on rencontre sur des chantiers ouverts, sur des routes au milieu des champs et des bois, des malfaiteurs condamnés plusieurs fois à mort, à raison de trente à cinquante pour un seul surveillant ? .

« Le 2 février 1883, soixante-quinze (75) condamnés de la *cinquième classe* arrivaient à Bouloupari, localité de la côte ouest, et étaient dirigés immédiatement, sous la conduite d'un seul surveillant, près de la rivière Oua-Tchoué, où ils allaient construire leur propre camp; ils allaient commencer par occuper de simples *abris en branchage!* »

« Tout le long des routes, ce sont des condamnés qui servent de cantonniers. »

Veut-on connaître plus particulièrement les individus que le gouvernement local, avec une obstination d'autant plus coupable que les malheurs ont été plus nombreux, persiste à laisser sur les routes sous une surveillance insuffisante, dans une liberté à peu près

absolue? Eh bien! nous pouvons offrir trois types
épouvantables : les forçats, assassins, récidivistes
Jugeaux, Ravaud et Dintroux. Le plus âgé n'a pas
trente ans; l'un d'eux a été deux fois déjà condamné à
mort, un autre n'a échappé à la guillotine que par raison
d'âge, le troisième est un fanfaron du crime, il a dix-
neuf ans, il a déjà tué le maître et la maîtresse d'une
maison où il avait reçu l'hospitalité, et, aussitôt arrêté,
il demandait une cigarette à son gardien et criait au fils
de ses victimes :

« Tu as été bien heureux de ne pas être là, tu y aurais passé
comme les autres! »

Depuis leur arrivée à la colonie, ces trois person-
nages sinistres ont continué leurs traditions; Ravaud
a toujours le couteau à la main, et quand il frappe il
voit rouge et frappe avec rage; il a commis sur ses
compagnons de bagne plusieurs tentatives de meurtre;
néanmoins l'Administration pénitentiaire n'hésite pas
à les envoyer au milieu de la brousse, au pied du mont
d'Or, dans une contrée où vivent disséminées dans un
véritable désert plusieurs familles de colons; là, ces
trois braves ouvriers de la transportation et nombre
de leurs compagnons sont placés dans un campement
ouvert, sous la surveillance d'un ou deux sous-officiers,
et chaque nuit des incursions et des vols font trembler
le voisinage. Enfin le trio prend définitivement la clef
des champs; pourvus d'armes dangereuses, ils se mettent en campagne à la recherche d'une embarcation qui

leur permettra de filer en Australie... Malheur au brave colon, malheur à toute honnête créature qui se trouvera sur le passage de ces monstres!... Soudain un surveillant militaire, escorté d'un condamné et d'un indigène, leur barre le sentier; il fait nuit et il les distingue à peine à la lueur de la lanterne dont il est muni; il leur ordonne de faire demi-tour et de remettre les casse-têtes dont ils sont munis au canaque Pédro qui va les cacher dans les brousses et revient ensuite se mettre à la tête de la colonne pour la guider à travers l'obscurité et le désert; mais tout à coup Dintroux et Ravaud s'élancent et ouvrent le ventre au pauvre indigène avant qu'il ait pu pousser un cri, avant que le surveillant ait pu voler à son secours. Les deux assassins disparaissent dans la brousse, et le troisième, frappé d'une balle à l'épaule, joint les mains et demande grâce. Ravaud et Dintroux furent repris par le surveillant Rossi, et Ravaud disait qu'ayant été deux fois condamné à mort, il se faisait fort de prendre tout sur lui... Ces malheureux ont été recondamnés encore une fois à la peine capitale... Ont-ils été exécutés? Nous n'avons pas eu le courage de chercher à nous en assurer! S'ils ont été encore une fois graciés, nous les retrouverons en campagne! Quelle pitié! Mais enfin nous constatons la bénignité des travaux forcés à la Nouvelle-Calédonie, et comme les faits constituent des preuves incontestables, nous croyons devoir citer des faits qui suffisent à établir à eux seuls tous les inconvénients du système déplorable que peut autoriser la loi de 1854 mise en action par l'Administration pénitentiaire actuelle.

Nous lisons dans le numéro du 24 décembre 1883 d'un journal de Nouméa :

Le fameux Carteron, le misérable qui a tué l'année dernière, sur la route, un canaque de M. Gaertner, s'est évadé dernièrement du camp disciplinaire de Tomo. Cette nouvelle avait répandu la terreur sur les stations voisines. Carteron avait manifesté des projets de meurtre. Il a été heureusement arrêté à la Font-Wari quelques jours après, et nous croyons savoir que l'Administration pénitentiaire est résolue cette fois à ne plus envoyer ce malfaiteur sur les routes.

Les punitions n'existent plus, les faits les plus graves n'entraînent que des pénalités dérisoires. Nous avons vu dernièrement l'illustre Frollet, dit Mérac, que le conseil de guerre venait de condamner pour évasion, et qui était immédiatement renvoyé sur les chantiers d'où il s'évadait encore au bout de huit jours.

Et voici encore ce Carteron, condamné à mort pour assassinat, commué et renvoyé sur les routes d'où il s'évade avec l'intention avouée de recommencer !

Et, dans la même colonne, nous trouvons ceci :

Nous apprenons qu'un canaque au service de Mᵐᵉ B..., dont il gardait le bétail à la Dumbéa, vient d'être éventré par deux évadés ; le Procureur de la République procède à une enquête. (!)

Partout, et à toute date, des faits monstrueux, dus à la mauvaise application de la loi sur la transportation, dus à la négligence des fonctionnaires de l'Administration pénitentiaire, au système déplorable recommandé avec instance par l'autorité centrale.

En date du lundi 11 août 1884, on écrit de Bourail :

Le condamné Fenayrou, dont vous avez parlé dernièrement dans l'*Indépendant*, est toujours employé à la pharmacie ; Fenayrou continue malgré tout à faire sa peine *sans peine ;* on se demande où est l'*expiation*, où est la *réparation* due à la société, pour les criminels que l'Administration traite d'une façon si privilégiée dès leur arrivée au bagne ?

Fenayrou a été mis depuis *aux écritures* à l'île Nou ! C'est ainsi qu'il fait son bagne.

En date du 5 septembre 1885, un autre journal de Nouméa nous apporte la preuve que les condamnés sont toujours employés dans les bureaux où ils expient leurs crimes de la façon la plus encourageante ; voici ce que dit ce journal :

M. Cahen (directeur par intérim), obéissant aux ordres du Ministre, qui a défendu l'emploi des condamnés dans les bureaux, a fort... habilement... tourné la difficulté, tout en paraissant la subir. A l'avenir, aucun condamné ne devra plus être employé dans les bureaux de la Direction, à Nouméa..., mais on les réunira tous dans un local *ad hoc* et qui prendra la dénomination de *chambre d'écritures !*...

Mais, c'est à partir de 1882 surtout que l'Administration pénitentiaire, cédant aux instances et obéissant aux ordres du Gouverneur, livre absolument la colonie à ses pensionnaires, et, chose inouïe, sous prétexte d'exécution d'un programme merveilleusement séducteur, M. Pallu de la Barrière se laisse entraîner aux manœuvres les plus dangereuses : il ouvre à deux battants les portes du bagne à l'indiscipline.

N'ayant pas en main les moyens pécuniaires nécessaires, l'outillage suffisant, la force militaire et répressive indispensable, ce gouverneur imprévoyant voulut quand même inonder des bandes pénitentiaires la colonie tout entière et procéder à l'exécution d'un plan de campagne formidable. Tout d'abord, la colonie, en présence de l'aplomb avec lequel son Gouverneur entreprenait la mise en œuvre de la force pénitentiaire, crut sincèrement qu'il en avait les moyens, et un hourrah d'encouragement fut lancé de toute part par la population des centres et de l'intérieur, par la presse locale de toute nuance... Mais bientôt les résultats vinrent donner des démentis formels aux promesses engagées.

Manquant de fonds et de force, M. Pallu avait compté remplacer ces facteurs indispensables par les promesses les plus séduisantes pour l'élément pénal : Travaillez aux routes, disait-il aux forçats, et vous recevrez concessions de terre, remises de peine, réhabilitation ; j'irai jusqu'à changer votre nom pour faire oublier jusqu'à votre origine !...

ORDRE DU GOUVERNEUR AUX CONDAMNÉS

3 décembre 1882

Que ceux qui aspirent à obtenir des avancements en classe, une nourriture plus abondante, l'autorisation d'aller travailler chez les colons, des concessions de terre et des demandes en grâce, cherchent à se faire inscrire sur les listes des travaux de route auxquels je donne la première place pour l'expiation et l'acheminement à une vie que se chercheraient d'honnêtes paysans de France. J'irai jusqu'à faciliter les changements de noms pour les hommes qui voudront se faire oublier dans le coin de terre que je leur aurai concédé. Le condamné le plus chargé de punitions peut, au prix d'une vie nouvelle, aspirer à la condition de concessionnaire... etc... Et pour donner à ces exhortations, à ces promesses, une consécration solennelle, je prends une grande mesure de clémence ; j'use du pouvoir que je possède, je lève les punitions que j'ai le droit d'infliger en dehors de l'action de la Justice, je dispense des punitions qui m'étaient soumises et j'ouvre les portes des cellules.

Signé, *le Gouverneur* : PALLU.

Sous l'égide puissante de la promesse d'un avenir si séduisant, et avec la perspective plus rapprochée de suppléments sérieux à la ration de vivres, le bon Gouverneur s'imaginait opérer des miracles ; cette confiance partait ou d'un grand cœur ou d'un cerveau illuminé ; mais M. Pallu ne connaissait pas son bagne, sans quoi il eût laissé moins de place à ses illusions ; plus sage, c'est-à-dire meilleur appréciateur de la valeur des sentiments humains chez la population des bagnes, il aurait compris combien était simple et facile, pour ces hommes rompus à toutes les hypocrisies, la dissimulation qui devait suffire pour leur assurer la jouissance des félicités promises... On allait conquérir des faveurs inespérées au prix d'une véritable partie de plaisir ; les abonnés des cellules, les incorrigibles des dernières classes, les condamnés et recondamnés à mort allaient être lancés en pleine campagne, par bandes de quarante à cinquante, sous *un* surveillant... Pouvait-on hésiter ? On s'embrassait au bagne. L'allégresse régnait dans

tous les pénitenciers... Partout on criait : Vive Pallu !
Et certains condamnés adressèrent au Gouverneur,
apôtre de la régénération, des pièces de vers qui furent
fort goûtées et valurent à leurs auteurs une extrême
considération. Sur les bras et sur les estomacs velus
des forçats on apercevait le portrait du Gouverneur
accompagné d'exergues de haut goût. C'était du délire,
et, trois mois après, on lisait dans les journaux de la
colonie :

... Oui certes, la situation est grave, mais pour rétablir la
discipline, pour que tout marche avec règle, ordre et mesure,
il faut non seulement de bons revolvers, non seulement un personnel de choix, mais aussi quelques bonnes et sérieuses prisons
à la clef, avec des cellules et des cachots pour de bon, d'où les
punis ne doivent pas sortir à discrétion sous prétexte d'aller à la
pêche ou à la chasse aux abeilles (sic) ; et du pain et de l'eau,
pas même un haricot, pour les incorrigibles et les insoumis...,
car, pour régénérer, il faut des mains de fer, beaucoup de justice,
beaucoup de tact, de dévouement et d'intelligence !

C'est que, en effet, pendant cette période de régénération facile qu'avait rêvée et inaugurée M. Pallu de la
Barrière, on avait assisté à d'étranges expériences, on
avait été témoin d'étranges faiblesses :

... Les condamnés maraudeurs ou évadés ont carte blanche.
On ne rencontre partout, dans le jour, que coupeurs d'herbe, coupeurs de bois, charbonniers, pêcheurs, chasseurs d'abeilles, etc.
Ces individus pénètrent sur les propriétés pour toutes sortes de
prétextes, préparent ainsi le plan de leurs expéditions nocturnes,

et, ce qu'il y a de plus fort, c'est qu'ils sont tous munis d'un laisser-passer... Il n'y a rien à leur dire !

C'est que, pendant cette période, la licence avait été poussée si loin, l'appui de l'autorité supérieure avait été si effectif pour le forçat, au détriment de ses supérieurs directs, qu'en pleine séance du conseil de guerre, à Nouméa, en date du 25 mai 1883, le défenseur d'un surveillant militaire, prévenu d'avoir blessé un condamné, pouvait formuler les deux appréciations suivantes :

Il s'agit une bonne fois de déclarer hautement si, oui ou non, le surveillant a droit au respect et à la soumission du condamné, si, oui ou non, il doit y avoir une discipline au bagne et si le forçat a désormais le droit de menacer l'homme préposé à sa garde, d'insulter l'homme chargé de sa moralisation ! En vérité, Messieurs, je m'étonne de la mansuétude dont on fait preuve vis-à-vis de réprouvés qui, pour la grande majorité, tournent en ridicule, s'en moquant hautement, les mesures humanitaires que l'on prend à leur égard.

Ces hommes, condamnés par les lois, doivent obéir à ces lois, dures, impérieuses, implacables ; c'est du moins, je crois, ce qu'a dû penser le Jury qui les a envoyés ici ; et, pas du tout, voilà qu'après avoir supprimé le boulet, supprimé la garcette, la bastonnade et tous les moyens de répression en vigueur, on arrive à leur laisser une telle liberté qu'à la première observation d'un de leurs surveillants ces êtres dégradés, ces assassins et ces voleurs, ces bandits de grande route et ces crocheteurs de caisses se redressent fièrement et lui répondent :

— *Eh ! dites-donc, vous, est-ce que vous nous prenez pour des soldats ?...*

Alors voilà donc comme ces messieurs du bonnet vert ont la

prétention d'être traités, c'est-à-dire avec infiniment plus de considération que l'homme de cœur qui paye la dette du sang à son pays !

Messieurs, jamais peut-être la situation de la transportation n'a été si critique qu'à l'heure actuelle ; il importe que votre verdict vienne rendre au corps des surveillants un peu de son autorité qui est par trop méconnue.

Le surveillant est en contact continuel, incessant, avec le condamné ; il faut qu'il soit respecté de lui. Il faut qu'il en soit obéi sans murmure et sans réplique et que les infractions aux règles soient sévèrement punies ; car, il n'y a pas à se le dissimuler, pour vingt forçats dociles et soumis à l'autorité de leur surveillant, il reste une proportion de quatre-vingts pour cent qui ont la haine du surveillant et qui ne l'abordent que la menace et l'insulte à la bouche. J'ai maintes fois eu l'occasion d'assister au spectacle de ces misérables refusant le travail, insultant celui qui les conduisait, dépassant toutes limites, sûrs qu'ils étaient de l'impunité !

Comment voulez-vous qu'après cela les surveillants puissent se faire obéir ?

De tout point, malheureusement, le défenseur disait vrai ; la mollesse dans la répression, la tolérance du Chef de la colonie, l'insuffisance de la direction de la transportation sont autant de causes qui devaient fatalement amener le déplorable résultat que constate en termes si précis et si frappants l'honorable orateur.

Depuis la suppression des peines corporelles, remplacées par rien d'effectif, le surveillant militaire est absolument impuissant, s'il ne se trouve être par hasard un homme supérieur et capable d'en imposer aux misérables par son seul prestige personnel. Le forçat n'a plus rien à redouter, puisque l'on est arrivé à faire du bagne une peine relativement si douce que la réclusion a pu être infligée au forçat récalcitrant ou récidiviste comme une aggravation à sa situation. Il est curieux de consulter à cet égard le gros livre bleu des notices de la marine : année 1882-83 ; page 313, dépêche ministérielle au sujet de la discipline des condamnés, en date du 18 février 1881 :

...Dans la pensée que la peine des travaux forcés — telle qu'elle est subie habituellement — est *moins répressive* que celle de l'*emprisonnement* ou de la *réclusion*, j'avais songé à proposer de déroger aux principes du droit pénal et d'interrompre la peine des travaux forcés pour faire subir l'emprisonnement ou les peines de la réclusion qui seraient prononcées par les tribunaux de la colonie pour de nouveaux méfaits.

N'oublions pas que c'est le *Ministre* qui parle et qui *reconnaît officiellement que la peine des travaux forcés est moins répressive que celle de l'emprisonnement*, d'où il conclut naturellement qu'il faut mettre en prison les plus mauvais condamnés, recondamnés pendant le cours de leur peine !

Il ajoute :

M. le Garde des sceaux ayant exprimé des *scrupules* sur la légalité de cet expédient, j'ai porté devant le conseil des ministres la question de savoir si nous n'avons pas au moins le droit d'imposer le régime de l'incarcération d'une manière permanente aux individus condamnés aux travaux forcés, principalement à ceux dont la conduite et les dispositions menacent la sécurité publique. Le conseil a reconnu, sans hésitation, que la peine

des travaux forcés étant la plus élevée parmi les peines priva-
tives de liberté, impliquait naturellement le droit absolu de
retirer toute liberté à celui qui en était frappé... *J'entends profiter
de cette décision le plus promptement et le plus énergiquement possible.*

Puis l'amiral Cloué parle de la construction d'un
pénitencier fermé, où les prisonniers seraient soumis
au *régime et à la discipline des maisons centrales de France,*
avec la vie et le travail en commun.

Et c'est ainsi, comme on le voit si clairement, que la
maison centrale allait être substituée au bagne devenu
peine trop légère !... Et l'on commença immédiatement
les importants travaux de construction d'une maison
de réclusion à l'île Nou... Mais, quelques mois plus
tard, en date du 16 janvier 1882, le Gouverneur de la
colonie recevait de M. Rouvier, le nouveau ministre,
une dépêche ainsi conçue (page 328) :

Vous considérerez comme non avenues les instructions qui
vous avaient été données précédemment par les dépêches des
18 février et 10 août 1881. Je considère l'internement permanent des condamnés aux travaux forcés comme étant en opposition
avec la lettre comme avec l'esprit de la loi du 30 mai 1854.
Il faut demander à d'autres moyens, notamment à un redouble-
ment de surveillance, les garanties de sécurité que la colonie est
en droit d'attendre de l'Administration pénitentiaire ; vous ne
devrez donc, dans aucun cas, autoriser l'emploi de mesures coer-
citives autres que celles prévues par le décret du 18 juin 1880.

Le nouveau Ministre avait assurément raison ; il ne
voulait point donner une nouvelle sanction officielle
à une décision qui était l'aveu formel de l'impuissance

de l'Administration pénitentiaire ; mais en renvoyant le Gouverneur au décret du 18 juin 1880 sans donner au directeur de l'Administration pénitentiaire l'ordre formel d'appliquer ce décret dans toute sa rigueur, en ne prescrivant pas la mise en cellule immédiate (et en cellule sérieuse) de tout condamné insoumis, *M. Rouvier rentrait* ou plutôt *restait dans les vieilles traditions, et tout était encore compromis comme devant.*

Et nous voyons les conseils de guerre condamner et recondamner éternellement des misérables qui les narguent et se font un jeu de la Justice qui n'est plus pour eux qu'un vain simulacre.

Nous pouvons citer *des individus ayant* à subir plus de *cent cinquante années de travaux forcés* qui ont encore été très sérieusement *condamnés à vingt* et quarante *nouvelles années de la même peine* par les impassibles conseils de guerre de Nouméa ! Nous voyons tous les jours des condamnés à perpétuité, condamnés à mort pour un forfait nouveau, être graciés et retourner tout simplement à une peine à laquelle ils avaient été préalablement condamnés. Bien plus, on a connu, en Nouvelle-Calédonie, *des individus trois fois condamnés à mort, trois fois graciés* et toujours remis en liberté sur les routes!

Parmi les récidivistes de la peine de mort, on peut citer des exemples épouvantables :

Une femme qui fait horreur aux fauves eux-mêmes, la femme Macé, qui avait déjà tué deux de ses enfants est graciée et expédiée à Nouméa. On la marie et on l'établit en concession... **Elle tue son troisième enfant !**

Dans ces conditions, la loi est impuissante et la société reste absolument à la disposition des misérables dont elle semble autoriser les méfaits..., et, les pauvres sous-officiers chargés de surveiller cette tourbe éhontée, encouragée encore par des règlements imprévoyants, que peuvent-ils chacun, en face de quarante à cinquante forcenés ?... Que disons-nous ? Ce sont ces hommes que l'on oblige à transmettre au directeur les plaintes écrites que le condamné, qu'ils surveillent, formule contre eux ! Ce sont ces hommes que l'on oblige à plaider les circonstances atténuantes devant les tribunaux, lorsqu'ils ont dû pour défendre leur existence, faire usage de leurs armes contre les bêtes féroces prêtes à les dévorer ! Ce sont ces hommes que le Gouverneur Pallu sacrifiait sans pitié dans la personne du surveillant Lescure, alors que ce brave et énergique sous-officier appelait l'attention publique sur les calamités qu'un régime de clémence à outrance allait attirer sur la colonie.

Le surveillant Lescure avait été chargé de la défense, devant le conseil de guerre, de son collègue Boulet, qui avait tiré sur un forçat en défendant sa vie. Et voici les éloquentes paroles qui eurent pourtant le malheur de blesser le Chef de la colonie :

Il serait à désirer que tous les surveillants suivissent l'exemple de Boulet et sévissent énergiquement, rigoureusement dans de semblables occasions ; on éviterait ainsi quelquefois des malheurs que l'on ne peut que déplorer, mais toujours des scandales commis par ces êtres infects qui ne méritent aucune commisération.

La philanthropie, Messieurs, est certainement une chose sublime, mais rien n'indique que l'amour pour son prochain doive s'étendre jusqu'aux criminels les plus endurcis et les plus indignes, aux ennemis de la société tout entière. Vouloir pousser la philanthropie jusqu'à couvrir et atténuer les fautes les plus graves commises par des forçats, c'est déjà aller bien loin. Mais sévir contre d'honorables soldats qui bravent continuellement le danger, pour le plaisir de donner satisfaction à l'œuvre de la régénération, serait de la folie, de la folie qui pourrait nous conduire à une catastrophe.

Je ne veux pas dire pour cela, Messieurs, que l'on ne doit avoir aucune pitié et que le pardon reste inconnu. Certes, il faut pardonner, mais il faut que ce pardon soit mérité par un repentir sincère, une conduite exemplaire et l'amour du travail.

Il faut que je vous dise, Messieurs, comment la philanthropie est comprise dans le bagne : Quelques-uns prétendent que la pitié qu'on leur témoigne est une politique déguisée pour les astreindre au travail. D'autres, et ceux-là sont nombreux, disent hautement que le règne des surveillants est bien fini et que le leur commence, parce que, ajoutent-ils, ils ont trouvé un protecteur !

Voilà, Messieurs, voilà comment des misérables abusent de la pitié qu'on a pour eux et comment ils entendent la philanthropie. Le système régénérateur introduit dans le bagne a produit ses effets, Messieurs, j'aurai l'occasion de vous en signaler quelques-uns dans un instant, mais je puis vous dire de suite que, par suite du relâchement de la discipline, de l'autorité du surveillant constamment affaiblie, les forçats tentent d'intimider la surveillance par la menace d'en référer à qui de droit, aux moindres observations qui leur sont faites.

Il faudrait être bien aveugle pour nier qu'il soit suffisamment démontré que les transportés, en grande partie, sont indignes de clémence au point de vue de leur conduite dans le bagne. Les évasions sont pour un grand nombre une routine, un passe-temps. Vous en avez pour preuves les réponses qu'ils donnent lorsqu'on les interroge :

Les uns sont embêtés par les surveillants; d'autres sont fatigués de rester dans un camp; enfin, il y en a qui éprouvent tout simplement le besoin de changer d'air... Changer d'air? Les condamnés Roubeaux et Marie-Louise changeaient d'air précisément quand le revolver du surveillant Boulet est intervenu fort à propos... etc.

Le surveillant militaire devrait jouir généralement de la considération que nous accorderions indiscutablement au soldat qui resterait constamment au feu ; or, accuser de tentative d'homicide, inculper de prévention de crime un surveillant militaire qui, en face d'un forçat incorrigible, se trouve constamment en cas de légitime défense, c'est diminuer incontestablement le prestige et l'influence de ce gardien aux yeux des misérables qu'il commande... et le Gouverneur qui n'a pas craint, dans les intérêts d'une politique de clémence exagérée, de traduire devant une commission spéciale le surveillant qui constatait en justice les conséquences et les effets de ce système, *a introduit définitivement l'indiscipline dans le bagne.* Il importe qu'on se rende bien compte que faire passer le surveillant en jugement n'est pas prévenir l'arbitraire dans l'avenir... c'est surtout apprendre au forçat qu'à un moment donné, s'il est habile, il pourra se procurer facilement la satisfaction de faire asseoir à son tour le chef que la loi lui a donné sur ce banc des assises ou du conseil où il a dû passer lui-même.

Écoutons le surveillant chef Bonnieux (très connu

et très estimé à la Colonie) dans les considérations qu'il développe devant le Conseil de guerre, dans la défense de M. Rolland, surveillant militaire :

Il faut considérer qu'un surveillant, en face d'un condamné surexcité, est en présence d'un ennemi dangereux, et qu'avec un adversaire aussi lâche il est difficile de préciser le moment où le cas de légitime défense se produit, parce que *quand il frappe on meurt !*

Que de morts ! Que de terribles exemples à vous citer ! Voyez le courageux et énergique surveillant Antomarchi, n'a-t-il pas été égorgé pendant son sommeil ? Et les autres : Taillandier, Salvadori, Collin, Poggi, Gaillemaille, sa femme et ses enfants, n'ont-ils pas été poignardés tous par derrière ? Et ce malheureux Gerbe que nous conduisions hier à sa dernière demeure, dans un cercueil ruisselant de sang, a-t-il pu prévoir ? Vous le voyez, Messieurs, il est difficile de préciser le moment où le cas de légitime défense se présente. Écoutez ce que disait à ce sujet M. le Général de division de Vassoigne dans un ordre laissé au corps après une inspection générale :

« La confiance ne doit jamais exister de surveillants à transportés ; les premiers doivent toujours se tenir sur leurs gardes et ne point hésiter à se servir de leurs armes dans le cas de violences, de quelque nature que ce soit, accomplies par les derniers. »

Eh bien ! en faisant feu, le surveillant n'a pas dépassé les limites de son droit, il s'est conformé aux instructions du général. Oh ! je sais bien que cette théorie n'est pas goûtée par tous les hommes d'aujourd'hui ; mais à ceux qui prêchent des sentiments ultra-humanitaires en faveur des condamnés et qui ne craignent pas de nous traduire, nous, devant les conseils de guerre et ailleurs, à ceux enfin qui emploient toute leur science pour rechercher les coups d'épingle que nous avons donnés et n'aperçoivent pas les coups de poignards que nous avons reçus, nous leur disons :

Nous aussi, nous sommes sensibles au malheur ; comme vous nous avons des sentiments humains que nous voulons pratiquer ; mais, en leur montrant nos cadavres, nous répétons avec Alphonse Karr :

Que messieurs les assassins commencent les premiers.

On ne saurait se figurer, en France, ce qu'est le martyre de ces malheureux surveillants militaires, et, certes, ils sont bien excusables si, parfois, certains d'entre eux se laissent aller à quelque défaillance.

Dans le livre des notices, nous voyons le ministère lui-même s'alarmer des conséquences incalculables que peut avoir cette mise en jugement d'un surveillant qui s'est légitimement défendu contre la tourbe du bagne, et ajouter cependant que le jugement est nécessaire aussi bien à la réhabilitation du surveillant qu'à la la confusion des condamnés! On nous permettra de ne pas être complètement de cet avis tant que le système cellulaire dans toute sa rigueur ne sera pas appliqué de la façon la plus stricte à tout condamné insoumis, et pour un temps qui ne serait pas inférieur à un mois, en punition de l'insubordination la plus légère. Si l'on veut être clément, il faut être armé.

Mais, ce n'est pas assez que le Procureur de la République traduise en conseil de guerre les surveillants qui ont tué ou blessé des condamnés..., on va jusqu'à reconnaître à certains condamnés et libérés le droit de se constituer en syndicat, à certains concessionnaires pénitentiaires le pouvoir d'actionner en justice leurs chefs directs! En date de décembre 1883, sur les poteaux réservés aux *communications officielles* dans la commune de Bourail, on lisait l'avis suivant :

Comité syndical. — Dépêche télégraphique

Le 4 décembre 1883, Directeur Administration pénitentiaire à commandant Bourail. Faites connaître aux membres du comité syndical que le Gouverneur a *entièrement approuvé* leurs statuts. Vous enverrai cent exemplaires autographiés.

Directeur

Pour copie conforme,

Signé : E. CHEVALIER.

Or, ce *M. E. Chevalier, qui contresigne le Directeur et atteste pour copie conforme,* ce **personnage** *n'est autre* **qu'un condamné aux travaux forcés à perpétuité !** « Il n'a pas encore été jugé digne d'une commutation de peine, ce qui ne l'empêche pas d'être le commandant effectif de Bourail; » et cette appréciation est bien justifiée par l'apposition d'un document signé de son nom à la place réservée aux publications officielles! — **C'EST UN RENVERSEMENT COMPLET DE LA NOTION DU JUSTE ET DU BIEN**, disait un témoin du fait qui nous a également procuré l'affiche suivante, émanant du même forçat Chevalier :

Le comité syndical fait savoir aux intéressés qu'il a obtenu de l'Administration sa fourniture de cent mille kilogrammes de maïs (?) pour l'année 1884, à 17 francs les cent kilos, livraisons faites au magasin de Bourail. — Paiement au comptant.

— Charrois à o fr. 50 le sac ; liberté entière est laissée à tous ceux qui voudront en faire à ce prix.

LE PRÉSIDENT DU COMITÉ,

Signé : E. CHEVALIER.

Ainsi, pour répondre aux plaintes de la colonisation libre contre une concurrence aussi désastreuse, le condamné à perpétuité Chevalier affiche, sous la responsabilité de sa signature, et comme interprète de l'Administration, que le maïs sera payé 17 francs au comptant et que les charrois seront faits par les voitures de l'Administration, etc. etc... Ajoutons que ce singulier syndicat envoyait dernièrement ses représentants vendre ses maïs sur la place de Nouméa à des prix dérisoires !

Eh bien ! voilà comme l'aimable condamné aux bagnes E. Chevalier faisait ses travaux forcés, en présidant des comités, en organisant des syndicats, en placardant des affiches officielles; *oh ! ce n'est vraiment pas la peine de souffrir pour rester honnête homme !*

Mais nous ne devons pas laisser le plus petit doute sur le parti pris bien apparent de l'Administration pénitentiaire de sacrifier l'élément libre à l'élément pénal, et nous devons signaler cet acte odieux que l'on connaît en Nouvelle-Calédonie sous le nom de « PROCÈS DE BOURAIL ».

Pour laisser à cette affaire un cachet tout particulier de couleur locale, nous ne saurions mieux faire que de citer textuellement les lignes énergiques que publiait

à ce sujet un journal de Nouméa en date du 13 août
1864.

Trois surveillants militaires, MM. Peigné, surveillant principal, Meyer, surveillant de première classe, et Mattei, surveillant
de deuxième classe, ayant à leur tête M. Bascans, ancien capitaine
d'infanterie de marine, chevalier de la Légion d'honneur, inspecteur de la transportation, exerçant les fonctions de commandant
du pénitencier de Bourail, étaient déférés à la justice sous l'in-
culpation de séquestration arbitraire, de violences et d'abus de
toutes sortes envers des personnes libres et libérées de leur
arrondissement.

Les accusés étaient connus par leur passé, par leurs longs et
excellents services, pour être l'honneur et la probité mêmes.
M. Bascans était, en outre, un des fonctionnaires les plus estimés
et les plus sympathiques de l'Administration pénitentiaire ; quant
à leurs accusateurs, il est bon de rappeler aussi ce qu'ils étaient :
des repris de justice, des bandits de la pire espèce, des misérables vivant du vice et de la prostitution, tout ce qu'il y a de
plus vil et de plus abject dans le bagne. Un Gonzalès, un Forgue
et consorts, qui avaient comploté la perte de ces fonctionnaires
parce que M. Bascans, aidé de ses trois subordonnés, avait énergiquement rétabli l'ordre dans Bourail, aux dépens des coquins
de l'endroit.

Pendant neuf jours, les accusés ont été publiquement abreuvés
de toutes les calomnies, qu'ils démentaient froidement, avec leur
impassibilité de vieux soldats ; pendant neuf jours, toutes les turpitudes ont été vomies comme une écume fangeuse aux pieds de la
justice. Et tout Bourail était là, et toute la lie de la libération s'était
fait une joie d'accourir, comme pour une curée, à ce lamentable
procès que ces misérables regardaient déjà comme leur revanche.
Aussi, le public honnête qui assistait écœuré à ce spectacle a-t-il
couvert d'applaudissements le verdict du tribunal qui acquittait
les prévenus.

Et c'était quelque chose sans doute, comme exemple aux yeux de la population du bagne, que cette justice rendue à des hommes dont rien ne motivait la mise en accusation par le pouvoir judiciaire local; mais, pour cette raison même, cela n'était pas assez. L'Administration pénitentiaire et le Gouverneur auraient dû comprendre combien il importait, dans l'intérêt du principe d'autorité lui-même, en face d'une population dégradée et indisciplinée, de rétablir immédiatement les anciens accusés dans leurs fonctions ordinaires et de les y maintenir fermement après avoir forcé leurs accusateurs à leur faire amende honorable!

Mais, hélas! nous traversions alors la grande période humanitaire qui devait consommer la perte de la discipline au bagne; *le Gouverneur parut mécontent* d'un acquittement qui pouvait compromettre cette politique de tolérance quand même à l'aide de laquelle (faute d'autres moyens) il espérait pouvoir réaliser un programme grandiose et susceptible de l'élever au-dessus de ses prédécesseurs; il trouva dans la conduite des acquittés des abus au point de vue administratif *et il frappa disciplinairement ceux dont le public de Nouméa avait applaudi à outrance la mise en liberté!*... LE TRIBUNAL AVAIT DONNÉ UN DÉMENTI A LA TOURBE DE BOURAIL, M. LE GOUVERNEUR TROUVA LE MOYEN DE LUI DONNER RAISON.

Les débats du procès avaient établi que les abus reprochés à M. le commandant Bascans et à ses subordonnés étaient attribuables à l'organisation défectueuse du service pénitentiaire, et aux vieilles et mauvaises traditions qui existaient dans son personnel; le Président du tribunal supérieur, après avoir compulsé toutes les pièces de ce scandaleux procès, était si bien persuadé de l'innocence des accusés qu'il ne craignit pas de leur dire en leur annonçant leur acquittement : « Vous aurez des réparations à demander. »

Et pourtant *le Gouverneur* insiste, il *paraît craindre que les condamnés ne le soupçonnent d'indifférence à leur égard!...* Il ne semble pas s'apercevoir que les accusations des pensionnaires de Bourail ne sont que d'affreuses délations inspirées par les pires sentiments et il fait trépigner de joie la mauvaise libération en frappant administrativement ceux dont elle avait juré la perte! *M. Bascans et ses compagnons furent suspendus de leurs fonctions...* Et nous ajouterons que, malgré toutes les représentations et tous les efforts, malgré la stérilité aujourd'hui constatée de la politique extra-humanitaire qu'avait pratiquée le Gouverneur, malgré la chute de ce dernier, *M. Bascans*, mis à la disposition du Ministre, *n'a jamais été réintégré dans ses fonctions comme le désirait si vivement la population de la colonie.* L'un de ses compagnons, *Meyer, est encore aujourd'hui victime de son énergie.*

C'est le personnel du pénitencier agricole de Bourail qui triomphe, ce sont les mauvais libérés qui exultent : ils se sont débarrassés, par de lâches délations et par une combinaison de moyens honteux, des hommes capables de maintenir la discipline dans leurs rangs. Et c'est ainsi que, par des sentiments humanitaires exagérés et par la mise en action des principes d'une certaine école qui cherche encore de nos jours à se faire un piédestal de son dévouement à la régénération des malheureux forçats, des fonctionnaires et des administrateurs de mérite qui ont été séduits par la grandeur de ces magnifiques théories, mais qui ignorent absolument ce que vaut la masse des misérables auxquels ils prétendent les appliquer, achèvent la ruine de cette institution philanthropique à laquelle la loi de 1854 a donné le nom de Transportation.

Le procès Bascans peut être considéré comme une véritable calamité ; c'est une désorganisation du principe d'autorité au bagne... Quel est le surveillant militaire faisant consciencieusement son service qui n'aura pas continuellement à redouter le sort de son chef Bascans, de ses collègues Peigné, Meyer et Mattei ? On entend d'ici le rictus provocateur des agriculteurs de Bourail quand un surveillant de service ira leur faire quelque juste observation ! Et il résulte de cette situation misérable que le corps des surveillants se recrute avec les plus grandes difficultés et que les hommes de valeur qui s'y trouvent enrôlés cherchent ailleurs une position nouvelle.

CHAPITRE IV

Nous avons essayé, dans la partie qui précède, de montrer ce que c'est que le bagne actuel, pendant la période que nous appellerons « obligatoire » des travaux forcés, et nous croyons avoir prouvé, par des faits et des exemples, que le bagne n'est plus ce qu'il était, n'est pas ce que pense le Juge qui condamne, n'est pas ce qu'il devrait être. Nous avons insisté, pour bien préciser cette situation anormale, sur l'immoralité de la transformation facultative en un bon fermier du forçat *en cours de peine,* après un minimum de quatre ans de bagne, fût-il condamné à perpétuité, et sur la douceur du régime, plus immoral encore, appliqué pendant l'exécution même des travaux... Tout cela n'est pas ce qu'a voulu la loi du 30 mai 1854, et nous devons appuyer encore cette appréciation sur les documents officiels eux-mêmes, afin de ne laisser aucun doute dans l'esprit de ceux qui voudront bien prendre la peine de lire ces lignes et d'en peser la portée, sur les dangers du système pénal suivi par l'Administration pénitentiaire actuelle, et sur les tristes résultats obtenus par cette Administration.

Il nous répugne très certainement d'avoir à insister sur des faits d'une immoralité si compromettante pour la dignité de notre société tout entière... Mais il y a péril en la demeure, et c'est précisément parce que notre société court un péril imminent que nous manquerions à notre devoir — avec la connaissance que nous possédons de la situation — en ne dénonçant pas à l'opinion publique la décadence complète des lois de répression et l'exploitation dangereuse que fait de la transportation et de la colonisation pénale l'Administration pénitentiaire coloniale soutenue dans cette voie par l'Administration centrale. Nous voulons rappeler à nos concitoyens que *ce n'est point en faisant des bagnes un séjour enviable même pour les honnêtes gens qu'on arrivera à prévenir la récidive et à dompter l'instinct du crime !*

L'Administration pénitentiaire s'est complètement écartée du but que se propose la loi de 1854 et qui est tout d'abord l'exécution des travaux publics et des travaux les plus pénibles de la colonisation ; on paraît avoir totalement oublié les obligations contractées envers la colonisation libre dont on absorbe le meilleur territoire sous le prétexte de colonisation pénale ; mais, en résumé, on ne colonise d'aucune manière, on ne termine aucun des grands travaux publics, et les condamnés, arrivés à leur libération, fuient avec empressement les pénitenciers agricoles, où l'on est censé les préparer à une vie de labeur, pour aller se coucher à l'ombre, dans les refuges et asiles qui leur sont ouverts à la presqu'île Ducos ou à l'île Nou !

Nous avons vu plus haut qu'au Ministère même on avait enfin compris la nécessité de rétablir la discipline au bagne, et que le moyen d'abord proposé, puis décommandé ensuite, était l'application de la détention selon le principe de nos maisons centrales de France; et nous revenons à cette particularité parce qu'elle constitue un aveu complet de l'impuissance de la méthode prônée par l'autorité centrale et mise en action, d'une si scandaleuse façon, par l'Administration de la transportation... On a compris bien vite que la création de maisons centrales dans un bagne colonial était la condamnation définitive du système de colonisation actuel, c'est-à-dire la renonciation à cette formidable exploitation qui donne tant d'importance à une branche entière du Département de la Marine et des Colonies, et l'on a laissé tomber cette idée malencontreuse... Cependant il est si vrai que le régime des maisons centrales de France est plus redoutable aux grands coupables que le bagne même, que les condamnés à la réclusion cherchent, par un crime commis sur leurs gardiens, à se faire transporter *à la Nouvelle*. Une loi a dû intervenir pour réprimer ces tentatives.

Mais alors, la nécessité d'une réforme apparaît et s'impose; et si nous persistons à laisser la transportation pénale dans son état actuel, nous devons logiquement la faire rétrograder d'un rang dans l'échelle de nos pénalités, et faire occuper sa place par la réclusion en maison centrale; nous aurons ainsi: 1º la prison simple; 2º les travaux forcés; 3º la relégation; 4º la maison centrale, et 5º la peine de mort.

On remarquera que nous plaçons la relégation comme peine supérieure à celle du bagne actuel; et nous avons même fait remarquer à l'honorable directeur de l'Administration pénitentiaire de France, M. Herbette, membre de la commission chargée du règlement d'administration publique, que la loi sur les récidivistes ne pouvait être applicable en Nouvelle-Calédonie pour plusieurs raisons capitales, et surtout parce que le récidiviste aurait intérêt, en voyant ce qui se passe au bagne, à éluder, par l'accomplissement d'un crime, le règlement sévère de la relégation!

Nous irons plus loin; nous affirmerons, la main sur la conscience, que *chacun préférerait dix ans de bagne en Nouvelle-Calédonie à dix ans de prison simple* dans un établissement ordinaire de la Métropole! Est-il besoin après cela de rechercher comment il se fait que tant de misérables surgissent de tous les points du territoire? — pourquoi la récidive est devenue la la plaie sociale? — pourquoi le crime apparaît au grand jour jusqu'au milieu des places publiques et des rues de la capitale?.. — pourquoi, la peine de mort n'existant plus de fait, le brigandage redouble et se montre éhonté en plein soleil ?.... Est-il besoin d'attribuer cette recrudescence des turpitudes humaines à tel ou tel régime, à la Répulique ou à la Monarchie ? Non, *il suffit de commenter sérieusement ce mot*, devenu célèbre, qu'un forçat calédonien écrivait à l'un de ses copains de France, qui avait encore quelque hésitation : « *Qu'attendez-vous là-bas?.. Vous serez bien mieux ici !* »

Un brave forçat de la bonne école disait sérieusement *devant nous* : « *Ah ! Monsieur, si j'avais pu savoir comme l'on est ici, j'y serais venu bien plus tôt encore !* »

Il y va donc de la sécurité de notre société entière; *le bagne n'existe plus*, car nous ne saurions sérieusement considérer comme le dernier des châtiments, **après la peine de mort**, *la mise en concession sur un excellent territoire* et sous un climat incomparable, ni *la domesticité dans une maison bourgeoise* à titre de garçon de famille et de bonne d'enfant, ni *le placement dans un bureau comme employé aux écritures*, etc. etc., le tout couronné, à l'heure de la vieillesse, par *une retraite paisible et champêtre*, dans un air excellent, sur la pittoresque île des Pins où les vétérans du crime sont pieusement soignés par les bonnes sœurs de Saint-Joseph et consciencieusement traités par des médecins spéciaux !

Depuis plus de vingt ans nous possédons *le bagne* en Nouvelle-Calédonie ; il compte une *armée de dix mille travailleurs forcés*, il *a absorbé cent dix mille hectares de nos meilleures terres*, et il **n'a rien fait** ou à peu près rien fait!

Oui, nous avons, en Nouvelle-Calédonie, le *condamné aux travaux forcés ne faisant rien*, et, vraiment, pour arriver à ce résultat, ce n'est pas la peine d'avoir tant d'administrateurs toujours si occupés qu'ils n'ont même pas la faculté d'écouter les renseignements des hommes pratiques, et qu'ils en arrivent à se persuader à eux-mêmes que seuls ils sont aptes à tout gouverner, sans rien voir, du fond de leurs bureaux; ce n'est pas la peine surtout de tant dépenser de millions pour aller faire à six mille lieues de distance, au rebut de notre société, une situation que nous refusons brutalement aux honnêtes gens que nous abandonnons, eux, à la misère! Et, puisque nous savons que la maison centrale est la terreur du criminel, tandis que la transportation en Calédonie est son objectif favori, pourquoi le ballottons-nous sur la mer avec tant de précautions et tant de dépense au lieu de le déverser tout bonnement sur place entre les quatre parois de pierre d'une cellule?

Le forçat qui ne fait rien, comme le forçat en Calédonie, est une double plaie pour la société : il la démoralise et il la ruine ; il faut le supprimer pour cette double raison ou trouver le moyen de le transformer en forçat qui travaille.

Si l'on veut persévérer dans la méthode actuelle, il faut supprimer le bagne, — il le faut absolument (car l'exemple qu'il donne deviendrait promptement fatal à notre société), — et le remplacer par la maison centrale avec cellule, etc. ; l'économie sera considérable comme le prouvent les chiffres ci-dessous :

« Un réclusionnaire, dit un ancien sous-directeur de l'Administration pénitentiaire de la Nouvelle-Calédonie, coûte à l'État un maximum de 67 à 70 centimes par jour, tandis qu'un forçat revient à 2 francs (1). »

Ce qui constitue une dépense de vingt mille francs par jour environ pour le contingent total. Avec la nourriture, le traitement des malades, les frais de

---

(1) Un soldat coûte-t-il autant

matériel, etc., on doit arriver, pour la Nouvelle-Calédonie, à bien près d'un million par mois.

« Il ne faut pas, ajoute le même fonctionnaire, il ne faut pas que des sommes aussi considérables soient complètement improductives. Il ne faut pas, parce qu'il a plu à des hommes paresseux, débauchés, pervertis, de dévaliser, d'incendier, de tuer d'honnêtes gens laborieux, que l'on soit encore obligé de les nourrir, de les vêtir, de les fournir de tabac à ne rien faire. Il est de la plus incontestable équité de les contraindre à indemniser la société, pour la plus grande partie possible, des sommes qu'ils l'obligent à débourser. Par les maisons centrales, le détenu ne coûte rien à l'État. Celui-ci se trouve couvert (ou à peu près) de ses dépenses, soit que l'on ait recours à l'un ou l'autre système de la régie ou de l'entreprise. Il existe même des établissements dans lesquels l'entrepreneur verse à l'État une prime de 5 à 10 centimes par condamné travaillant, tous frais de nourriture, d'entretien, d'éclairage, de maladies payés. »

Et, concluant sur ce raisonnement, l'auteur voudrait voir créer à la colonie une maison centrale où ses idées seraient mises en pratique, où les condamnés seraient employés, soit à la régie, soit à l'entreprise, pour la confection d'objets nécessaires au commerce local... Ce qu'il veut, « c'est, dit-il, rechercher le moyen de mettre fin au gaspillage de forces, d'argent, auquel l'absence de punitions effectives, correctionnelles, expose ceux qui ont la lourde charge de garder, d'administrer et de réformer *les transportés* aux travaux forcés; c'est notamment, et je ne saurais trop le redire, d'arriver au procédé qui mettra fin à *cette comédie d'un résultat immoral :* **le condamné aux travaux forcés ne faisant rien.** »

L'auteur de cet ouvrage remarquable parle ensuite des différents moyens, imités des Anglais, qu'il emploierait plutôt que de laisser inoccupés les condamnés aux travaux forcés; il cite la roue à échelons qu'il faut toujours gravir, le tas de boulets que l'on est forcé de recommencer indéfiniment, la cellule étanche où l'eau pénètre et qu'il faut vider perpétuellement sous peine de la noyade... Il reconnaît que ces moyens sont improductifs, mais il les admettrait parce qu'ils empêchent les criminels de se moquer de la société après l'avoir souillée de leurs forfaits; et il termine ainsi :

Puisque la maison centrale lui fait peur, au criminel, employons la maison centrale à l'occasion, employons la légalement, par décision judiciaire, au lieu des peines actuellement édictées, ou bien, s'il y a mieux, servons-nous-en; seulement, ne restons pas désarmés et ridicules.

Si nous avons donné les extraits qui précèdent, c'est seulement parce qu'ils apportent un témoignage de plus, (et un témoignage sérieux puisqu'il émane d'un fonctionnaire qui a vu de près les choses), à la constatation que nous avons faite de l'impuissance de l'Administration pénitentiaire de la transportation ; *nous restons désarmés et ridicules aux yeux des condamnés aux travaux forcés,* et nous ne voulons retenir du travail du fonctionnaire de l'Administration pénitentiaire que ce témoignage et que cette constatation...

Mais nous ne partageons en rien sa manière de voir
quand il parle de limiter les travaux forcés aux travaux
ordinaires des maisons centrales. La loi a prescrit les
travaux publics et les travaux *les plus pénibles de la
colonisation,* et la loi a été sage à cet égard; la transportation des condamnés n'a sa raison d'être *sur le sol
colonial* que si ces condamnés y sont employés à préparer, à faciliter l'installation et le développement de la
colonisation libre. Ce n'est pas l'institution qui est
mauvaise en elle-même, loin de là : c'est son mode
d'application qui est vicieux, c'est le personnel chargé
de mettre la théorie en pratique qui interprète capri-
cieusement cette théorie et la déforme selon ses besoins
pour la pratiquer d'après les exigences de l'exploitation
commerciale qu'il fait des bagnes! Voilà la cause du
mal... Et nous n'avons point parlé encore, ou incidemment seulement, de cet abominable *budget sur ressources*, qui, à lui seul, suffirait pour jeter le discrédit
sur cette exploitation qui est la ruine de l'institution!

CHAPITRE V

Pour bien établir que le bagne est une exploitation, nous ne pouvons mieux faire que de publier ici quelques documents officiels extraits des notices du ministère :

(Page 187, (1880-1881), Dépêche ministérielle au sujet du budget sur

RESSOURCES SPÉCIALES

Paris, le 5 octobre 1880.

Monsieur le Gouverneur, par lettre du 1er septembre dernier, n° 755, vous m'avez adressé le compte du développement du *budget sur ressources spéciales* pour l'exercice 1879. Je remarque que les *recettes* ont diminué dans des proportions considérables, et je dois appeler votre attention sur la nécessité de donner un plus grand essor à cette partie du service.

Je me réserve de vous indiquer ultérieurement les moyens d'augmenter les recettes de ce budget ; je me borne pour aujourd'hui à vous rappeler qu'*à dater du 1er janvier 1881, tous les services publics devront verser, au profit du budget sur ressources spéciales, une redevance de cinquante centimes par homme et par jour pour*

les condamnés mis à leur disposition par l'Administration pénitentiaire,
Recevez, etc.

LE MINISTRE DE LA MARINE ET DES COLONIES,

Signé : CLOUÉ.

Voilà qui est clairement formulé ; pour se créer
son budget particulier, l'Administration pénitentiaire
louera le travail de ses forçats à raison de 50 centimes
par tête ; et si Nouméa, par exemple, veut établir sa
voirie et niveler les cloaques de sa place d'Armes, elle
est obligée de réaliser un emprunt pour faire face aux
exigences du *budget sur ressources ;* de sorte que les
condamnés aux travaux forcés qui, de par la loi, sont
condamnés à exécuter les travaux publics, n'y mettent
la pioche que s'ils sont *payés par les services publics.*
Le principe est pitoyable, mais les résultats sont plus
déplorables encore, car, nous l'avons déjà dit, le travail de dix condamnés ne vaut pas à beaucoup près
celui d'un ouvrier libre ordinaire, ce qui fait, en réalité,
que cette main-d'œuvre revient fort cher. Il en résulte
une nouvelle et puissante entrave à la confection des
travaux.

Mais ce n'est pas ainsi que l'entend l'Administration
centrale et voici, à ce sujet, ce qu'écrit M. Ch. Brun,
Ministre de la Marine, au Gouverneur de Cayenne,
en date du 5 juin 1883 (page 295, notice 82-83) :

...Il n'est pas exact de dire qu'en exigeant la redevance de
cinquante centimes on impose une *charge* au service local en
faveur de l'Administration pénitentiaire.

En effet, l'entretien d'un condamné à la Guyane revient à l'État (vivres, hôpitaux, surveillance, habillement et couchage) à quatre cent soixante francs environ (?). Or, en cédant aux services publics au prix de cinquante centimes la journée de travail d'un condamné qui pourrait être employé *plus fructueusement* dans les ateliers de l'État (!) on ne peut être accusé de spéculation.

J'ajouterai, dit le Ministre, que si les services publics étaient obligés d'avoir recours à la main-d'œuvre libre, en admettant qu'elle ne fasse pas défaut, il est certain que ce prix de cinquante centimes serait très sensiblement dépassé ! »

Ces quelques lignes suffisent à établir comment on entend les travaux forcés appliqués à l'exécution des travaux publics, au ministère de la Marine et des Colonies... L'État exploite le condamné et dit aux services publics : Je suis entrepreneur de vos travaux et fournisseur de main-d'œuvre..., mais je veux tant par homme que je fournirai; vous dites que cette méthode constitue une *charge* pour les services publics, Monsieur le Gouverneur, eh bien! cherchez si vous trouverez à meilleur compte ailleurs!

A-t-on jamais pensé, en France, que la Guyane comme la Nouvelle-Calédonie étaient obligées *de payer la main-d'œuvre pénitentiaire, de solder les travaux forcés, pour établir leurs travaux publics ?*

Lorsque l'article 2 de la loi du 30 mai 1854 dit en termes si explicites:

Les condamnés aux travaux forcés seront employés aux travaux les plus pénibles de la colonisation et aux travaux publics,

les tribunaux qui prononcent la peine des travaux

forcés ont-ils jamais supposé qu'un directeur de l'Administration pourrait tenir un jour, au Gouverneur de la colonie, ce langage : « Je ne vous donnerai mes condamnés pour vos routes ou vos quais qu'à raison de tant par homme ou par jour, sinon je les emploie dans les ateliers de l'État où leur main-d'œuvre sera *bien plus fructueuse...*

Les travaux forcés de la transportation coûtent donc et coûtent énormément aux colonies de la Guyane et de Calédonie, avec cette simple redevance de 50 centimes, vu la quantité de condamnés qu'il faut employer pour arriver à un très mince résultat... De là, évidemment, l'une des raisons pour lesquelles nos deux colonies pénitentiaires sont encore, ou à peu près, dénuées de travaux publics, de routes, de ports, etc., après trente ans et plus de travaux forcés, et avec une véritable armée de travailleurs.

Ce qui signifie, en d'autres termes, que le fameux budget sur ressources, loin de venir en aide à la Métropole dans les dépenses qu'elle s'impose pour l'entretien de ses malfaiteurs, devient tout au contraire une véritable source de ruine, puisque, en définitive, l'armée des condamnés est littéralement occupée à ne rien faire et laisse les colonies qui l'hébergent absolument à l'état de nature !

Cependant on ne paraît pas encore avoir compris ce qu'a de regrettable et même de profondément ridicule cette situation, au Ministère, en date du 17 décembre 1883, et nous lisons dans l'une des dépêches qui terminent la notice 1882-1883 (p. 477) :

Monsieur le Gouverneur... Je vous ferai remarquer qu'en vertu des instructions ministérielles la main-d'œuvre pénale ne peut être cédée aux services publics que contre remboursement de la redevance de 50 centimes par jour et par homme, au profit du budget sur ressources spéciales et que l'exonération de cette redevance ne peut être accordée que par décision ministérielle si les motifs sont assez sérieux pour justifier cette mesure exceptionnelle.

Je vous ferai remarquer, en outre (que l'on médite bien ce passage), que les sacrifices faits par la Métropole en ce qui concerne les travaux de routes sont déjà assez considérables sans qu'il soit nécessaire de lui imposer encore de nouvelles charges.

M. le sous-secrétaire d'État fait ici allusion à la remise faite momentanément par l'État au Gouverneur, de la redevance des 50 centimes, pour les travaux de routes entrepris par ce Gouverneur; et l'on remarque qu'il traite de SACRIFICE l'emploi gratuit des travaux forcés à la confection des routes!

Pour ces différents motifs, j'ai l'honneur de vous prier d'exiger de la municipalité de Nouméa, comme, d'ailleurs, de tous les services publics, le remboursement au profit du budget sur ressources spéciales de la redevance de 50 centimes par journée de travail de condamné.

Recevez, etc.

Signé : *Le sous-secrétaire d'État de la Marine et des Colonies.*

En date du 4 février 1886, nous recevons du maire de Nouméa les lignes suivantes, au sujet d'un emprunt de 1 million que la ville négocie à Paris :

Vous savez que l'emprunt est destiné à des travaux de viabi-
lité qui, en assainissant la ville, donneront une plus-value considérable aux terrains qui lui appartiennent; en outre, et c'est à
mon avis ce qu'il y a de plus urgent en ce temps de gêne et de
misère, la municipalité pourra donner du travail et par conséquent
faire vivre la population qui, par suite de l'arrêt de l'industrie,
de la crise du commerce, du chômage des mines, de la suspension
de toutes les entreprises, se trouve dans la plus grande détresse.
Elle pourra réorganiser ses chantiers réduits au plus strict
nécessaire par suite de l'exigence de l'Administration qui a
obligé la ville à régler, presque en un seul payement, *soixante
mille francs réclamés par l'Administration pénitentiaire, pour journées de condamnés employés cependant à des travaux d'utilité publique
tels que la Place d'armes et des voies de communication... etc.*

Donc, exploitation par l'État de la main-d'œuvre
pénale, dans les colonies pénitentiaires, au détriment
des services publics — lorsque ces services sont obligés d'emprunter pour faire face à la redevance exigée
— et au détriment de ces colonies lorsque le manque
de ressources les oblige à renoncer à la main-d'œuvre
pénale. Il importait de faire connaître à la Métropole
cette situation qu'elle était loin, sans doute, de soup-
çonner.

*En réalité, la nation entretient à grands frais une
armée de fainéants qui accaparent peu à peu deux magnifiques
colonies sans même y exécuter les travaux publics auxquels
ils sont condamnés.*

CHAPITRE VI

Maintenant, si nous examinons l'état de *la libe-ration*, le tableau est plus sombre encore, s'il est possible.

Nous avons déjà dit que la majeure partie des condamnés, mis en concession de terre pendant le cours de la peine — et cela, prétend l'Administration pénitentiaire, pour les façonner et les habituer au travail du sol, de manière qu'ils soient en état de se procurer des ressources à leur libération et qu'ils cessent d'être à charge au gouvernement, — se hâtent d'abandonner ces concessions au jour de leur libération et de retourner à la vie vagabonde et hasardeuse qui fait leurs délices. Ils cherchent du travail tout en désirant la chance de n'en pas trouver et vont s'échouer dans des asiles ou refuges où ils sont encore à la charge de l'État.

Dans la masse, quelques-uns ont eu l'énergie de secouer la torpeur viciée du bagne et sont arrivés à se créer de petites situations au milieu de la population libre. Ils sont rares, mais ils ont été bien accuellis par la colonie qui les protège et les encourage; quelques-uns ont été déjà ou vont être réhabilités... Mais ce sont de rares exceptions, car il faut réellement des natures d'élite pour résister à la contagion du bagne et ne pas laisser dans la fange qui en corrompt l'air le reste des sentiments humains qui pouvaient exister encore au moment de la condamnation.

Les autres errent autour de la colonie, allant d'un colon chez un autre, s'occupant huit jours ici, un mois là-bas, six mois un peu plus loin... mais ne pouvant se maintenir nulle part, toujours poussés par cette soif de l'inconnu, par ce désir de folle liberté, par ce besoin inconscient d'une vie oiseuse et imprévue dans laquelle tous ces malheureux croient toujours trouver le vrai bonheur!

Nous avons occupé personnellement beaucoup de libérés tant aux travaux des mines, à la sape et au boisement des galeries, qu'aux travaux des plantations, terrassements, scierie, etc. Nous avons souvent rencontré de véritables forbans dont il fallait se hâter de débarrasser l'habitation, puis des natures insouciantes auxquelles tout travail était une fatigue et qui ne pouvaient tenir une heure à l'ouvrage sans se plaindre amèrement de la rigueur du sort... Ceux-là ne gagnaient pas leur eau; on devait les régler le samedi soir en les priant d'aller ailleurs; enfin, quelques bons travailleurs émergeaient de la bande... et demandaient à être payés à forfait; nous avons vu ainsi trois libérés, trois colosses, exécuter en deux semaines un travail vraiment énorme, demander leur paye le samedi soir et avoir tout bu le lundi matin! L'un d'eux, nommé G..., avait, pour sa part, absorbé — vin à part — sept litres de rhum à 45°. L'insolence succède à l'ivresse; — que faire d'hommes pareils?

Souvent, peiné de la situation précaire de ces hommes, presque tous jeunes ou d'âge moyen, nous leur avons demandé pourquoi ils ne gardaient point les concessions de terrains faites par l'Administration pénitentiaire, où ils pourraient vivre facilement en se soumettant aux règlements et bénéficier des faveurs du gouvernement... Tous, sans exception, répondaient invariablement qu'ils préféraient le bagne même à la situation de concessionnaire pénitentiaire. Pourquoi?... Les lecteurs qui ont pris connaissance des chapitres précédents sont à même de juger la question.

La Nouvelle-Calédonie, à elle seule, compte aujourd'hui, sur son territoire, trois mille cinq cents à quatre mille libérés; et, tous les ans, cette petite armée est renforcée de centaines de recrues nouvelles, de sorte que la malheureuse colonie reste perpétuellement sous la menace de cinq à six cents évadés en cours de peine et de milliers de libérés vagabonds... Et l'Administration pénitentiaire qui fait à la Colonie cette terrible situation n'est pas en mesure d'y porter remède, et cette situation est la meilleure preuve de l'insuffisance et des dangers de son système... Voilà les résultats de ses prétendus efforts et des dépenses énormes qu'elle cause à l'État *pour l'éducation, pendant le cours de peine, du forçat destiné à se subvenir à lui-même au moment de la libération!*

Écoutons le langage du ministre M. Ch. Brun, au

Gouverneur de la Nouvelle-Calédonie, en date du 5 juin 1883 (page 298, notice 1882-1883) :

... Je reconnais donc avec votre prédécesseur que l'Administration pénitentiaire se trouve désarmée vis-à-vis des libérés, et que cette situation est dangereuse pour l'ordre public et de nature à compromettre la sécurité de nos établissements.

(Que l'on suppose maintenant, et dans l'état actuel, l'envoi de quelques milliers de récidivistes en Calédonie, et l'enfer seul pourra donner une faible idée de ce que sera notre belle colonie.)

La libération a la connaissance parfaite de cette situation si bien établie et précisée par la note ministérielle qu'on vient de lire : elle se considère comme la maîtresse absolue du pays qu'on lui assigne pour résidence obligatoire, et voici comment elle s'y comporte :

Le vendredi 22 février 1884, deux surveillants, MM. Leca et Forge, reconduisaient à l'embarcadère une corvée de cent cinquante forçats lorsque, en plein Nouméa, un libéré se présente en face du surveillant Leca et le traite d'assassin. Ce dernier saisit le libéré et veut l'entraîner chez le commissaire de police..., mais il se voit rapidement entouré d'une quinzaine de libérés qui le menacent, l'injurient et l'obligent à lâcher prise.

Cela se passait, nous le répétons, en plein jour, au beau milieu de la Capitale, à Nouméa, et... force resta à la bande des libérés.

Dans les environs de Païta, quatre libérés vivent en

confrérie sans moyens apparents d'existence; ils ont
une autorisation de travailler à leur compte et... les
moutons, les légumes, les chèvres des colons voisins
disparaissent par enchantement; un indigène qui élevait
des moutons du Cap ayant perdu plusieurs de ses
magnifiques animaux fureta si bien dans les environs
du gourbis de ces messieurs qu'il découvrit une fosse
remplie des pattes et des têtes de ses chers élèves... Et
nous pourrions citer mille histoires de ce genre.

A qui la faute? Aux colons sans doute, dira l'Administration pénitentiaire, aux colons qui ne *veulent* pas
employer les libérés.

Mais tous ceux qui se risquent à les employer s'en
repentent; ce sont des vols, ce sont des insultes aux
femmes, des scènes d'ivrognerie, c'est une insuffisance
notoire de travail, et il n'est pas douteux que, de tous
les habitants de la colonie, ces singuliers émigrants
sont les plus mauvais travailleurs sous tous les rapports.

Les faire travailler, leur offrir du travail? Mais tout
le monde s'empresserait de les mettre à l'épreuve si
l'expérience laissait encore quelque doute et si chacun
n'avait appris à ses dépens que le travail du libéré est
une ruine.

Un jour, la compagnie des mines de Calédonie avait
besoin de vingt ouvriers; elle va au dépôt des libérés
en expectative de travail et fait un appel aux cent cinquante individus qui prétendaient manquer d'engagistes... Huit libérés sur les cent cinquante voulurent
bien accepter la proposition !

Et c'est pour forcer la colonisation libre à employer

de pareils auxiliaires que l'Administration centrale supprime, aux malheureux colons du lieu, l'immigration néo-hébridaise qui leur donnait un concours précieux!...

Et c'est à l'aide de cet élément sorti du bagne que l'on rêve nous ne savons quelle colonisation modèle, fortune des colonies pénitentiaires, et pour la réalisation de laquelle l'Administration de la Transportation absorbe les millions de la Métropole, détournant la main-d'œuvre forcée des travaux publics, exploitant un immense domaine au bénéfice de son budget sur ressources particulières! Voilà ce qu'on a fait de cette belle institution édifiée par la grande loi de mai 1854: *un bourbier où le malfaiteur se rit de ses juges et de la société, et dont il sort absolument démoralisé pour constituer un nouveau danger dans la colonie qui l'abrite!*

CHAPITRE VII

Oh ! qu'on ne nous dise plus : bien heureuse est la Calédonie de posséder ce bagne contre lequel vous soulevez l'indignation publique, car c'est lui qui la nourrit et lui donne son importance ; sans le bagne que deviendraient vos négociants de Nouméa ? que feraient vos colons de l'intérieur ? qui absorberait les marchandises des uns ? qui consommerait les productions des autres ? en un mot, qui apporterait sur cette terre lointaine les millions qu'y dépense l'Administration pénitentiaire ? Ce raisonnement peut être comparé à celui d'un ogre qui achèterait ses épices chez ses futures victimes et leur tiendrait ce langage : Vous êtes bien aise de m'avoir dans votre contrée car, bien qu'à la fin je vous mange, il n'en est pas moins vrai que jusque-là je vous fais vivre en achetant chez vous les condiments de ma cuisine !

L'Administration pénitentiaire peut entretenir pour partie quelques maisons de commerce et absorber une portion des productions locales, cela est vrai, mais *avec son système déplorable* elle *est en train d'absorber la colonie entière* et *de la rendre inabordable* pour la colonisation libre — alors que, tout en restant pour tous une source de fortune, elle pourrait également, à l'aide de procédés plus logiques et plus sages, apporter à cette colonisation libre un contingent puissant de force et un élément inappréciable de prospérité.

Non ! en effet, la Colonie ne repousse pas le bagne, mais elle demande à l'utiliser et à ce qu'il ne soit pas pour elle une menace perpétuelle, un embarras de tous les instants, une cause de ruine pour l'avenir.

Le 24 mars 1882, nous écrivions les lignes suivantes dans le *Néo-Calédonien,* journal de Nouméa; on voudra bien nous permettre de faire cette citation parce qu'elle précise parfaitement la situation faite par le pénitencier à la Colonie, et qu'elle dépeint, avec couleur locale, les appréhensions qu'éprouvaient déjà les colons à cette époque :

Pour la colonie, *être ou n'être pas,* voilà la question posée actuellement par le pénitencier. Malgré quelques inquiétudes manifestées de loin en loin, nous avons laissé marcher le temps sans trop nous émouvoir, nous avons agi à l'égard du pénitencier comme à l'égard d'un mal inévitable qu'il faut subir. Nous l'avons laissé croître et envahir comme nous avons laissé croître et multiplier le bétail, jusqu'au moment où nous sommes forcés de reconnaître que pour l'un comme pour l'autre il commence à y avoir excès.

Cependant l'inquiétude et la gêne ressortent de cette situation à laquelle il faut un remède prochain; le pénitencier persistant dans sa méthode, la colonie ne peut plus résister, elle doit forcément lui céder la place. Qu'on tourne et retourne la question, il n'y a pas d'autre alternative. On pouvait éviter de tomber dans cette sorte d'impasse en prenant possession des Nouvelles-

Hébrides, mais il paraît qu'il existe de ce côté des difficultés insurmontables ; et nous restons, ici, en présence d'une terre étroite, qui ne produit qu'au prix de grands efforts et sur une superficie trop limitée... et cette superficie, voilà que condamnés, canaques et colons se la disputent avec la rage de gens dont l'existence est compromise : les condamnés en faisant le vide autour d'eux par leurs déprédations, les canaques en jouant du tamehawk, les colons à l'aide des cornes de leurs bœufs.

La question d'existence est donc bien posée pour la colonie même ; à quoi bon alors organiser un pays qui peut demain disparaître du nombre de nos colonies ?

L'utopie chère à ceux qui condamnent est qu'ils régénéreront leurs condamnés en émoussant leurs nerfs portés au vice et au crime, par les travaux de l'agriculture ; ils s'imaginent qu'un artiste soûteneur de filles, qu'un abonné des carrières d'Amérique, une fois transporté sur un carré de terre coloniale, ne songera plus qu'à la culture des navets, alors qu'il sentira à sa portée les patates d'un colon, ses volailles et ses porcs, voire même ses veaux et sa maigre bourse !

On oublie trop dans ces plans de moralisation du condamné par la pioche que le voisin forcé de ces piocheurs à doigts crochus, plus habiles aux manches de couteaux qu'à ceux de la charrue, est un homme libre qui ne peut compter, lui, puisqu'il est honnête et parce qu'il est honnête, que sur son labeur de chaque instant pour nourrir sa famille, auquel on n'envoie ni riz ni biscuit lorsque les éléments ont emporté sa récolte (comme cela se pratique pour les abonnés de la Pénitentiaire), et qui se trouve isolé de tout secours, dans sa hutte de chaume, constamment exposé à l'incendie, au vol, au pillage, à l'assassinat. L'empiètement continu des pénitenciers l'étreint et le paralyse, il regarde en tremblant s'avancer l'hydre qui doit le dévorer un jour ou l'autre et il est bien naturel qu'il soit pris de dégoût dans le cercle étroit formé autour des siens par les brigands des bagnes.

7

Comme la qualité et la disposition du sol ne permettent pas les agglomérations, le colon néo-calédonien, forcément isolé au milieu de solitudes sans routes, est livré à ses propres moyens de défense — disons en passant que c'est à cet homme qu'on ose faire payer des permis d'armes ! — Les postes militaires, insuffisants d'ailleurs, sont situés à dix ou quinze lieues les uns des autres, et ne sont guère propres qu'à protéger leurs seules murailles, ce qui laisse ceux dont on est censé assurer la sécurité dans le plus complet abandon : Jamais de patrouilles ni de promenades militaires entre les postes ; parfois, seulement, on rencontre trois soldats, suivis de canaques portant fusils et fourniments, se rendant à la caisse pour y toucher le prêt.

Cet état de choses laisse entrevoir de tristes et terribles catastrophes ; l'anxiété perpétuelle où il laisse les colons est funeste à la prospérité du pays... et l'aspect de l'avenir est encore rendu plus sombre par l'extension considérable des pénitenciers. Les colons éprouvés déjà par les calamités physiques, cyclones, débordements, sécheresses, etc., ne pourront absolument plus vivre s'ils ont à lutter encore et toujours contre l'élément pénal qui les déborde et qui leur est déjà plus de trois fois supérieur en nombre !

Dans cette malheureuse colonie, si riche pourtant en ressources de tous genres, si agréable par son climat, si utile à la France par la situation qu'elle occupe dans le Pacifique, l'Administration pénitentiaire, maîtresse absolue, considérant comme sien le sol colonial, s'engraisse en sûreté dans ses bureaux de Nouméa. Elle semble ne désirer qu'une chose, la continuation de ses loisirs et de son omnipotence ; elle ruine la France en exploitant ses criminels au profit du budget sur ressources spéciales, peu importe ; la douce quiétude dans laquelle elle s'endort et s'éveille paraît lui suffire... Ce qu'elle connaît de plus sérieux, c'est son émargement au budget. En attendant, les colons paralysés meurent de misère !

Néo-Calédonien du 24 mars 1882.

Veut-on savoir de quelle façon cavalière la Pénitentiaire traite la colonisation libre qui l'entoure? Voici
des faits :

Monsieur le rédacteur, (*Néo-Calédonien*)

Le 6 courant, tout le personnel de ma station de Pierrat se
trouvant occupé au dehors à rassembler le bétail pour un recen-
sement, des évadés profitèrent de cette absence pour briser les
serrures des portes et pénétrer dans la maison qu'ils ont complètement dévalisée. Ils ont emporté tous les vêtements, un porte-
monnaie renfermant 20 francs environ, du tabac, des vivres, des
engins de pêche, enfin tout ce qu'ils ont pu emporter, perte
considérable pour moi et pour mes hommes, nous n'avons
absolument plus de vêtements.

Voilà, Monsieur, le deuxième vol dont je suis victime depuis
quatre mois, sans parler de ceux qui ont été commis à mon
préjudice à la Foa.

Ces évadés, qui tiennent constamment le pays (de cinq à six
cents forçats manquent à l'appel) constituent un danger réel
pour nos stations isolées, et les pertes réitérées qu'ils nous font
subir sont, pour nous, une véritable calamité et un motif de
découragement.

Signé : *Fournier, propriétaire, à la Foa.*

Et le rédacteur ajoute les réflexions suivantes:

Pauvre Calédonie! Nous qui l'avons vue jadis si prospère, si
confiante en son avenir; aujourd'hui, de nouveaux motifs de
découragement viennent incessamment accabler ses habitants de
la campagne, ceux-là surtout qui, par leur courage, leurs efforts,
leur travail, devaient le plus contribuer à sa prospérité à venir.
Il ne serait pourtant pas impossible d'organiser des battues

pour arrêter ces malfaiteurs qui dépouillent ainsi les colons de l'intérieur du peu de ressources qui leur reste.

N'est-ce pas assez qu'à peine sortis des malheurs où les a plongés la révolte canaque ils aient à lutter contre les cyclones, etc., sans que les pénitenciers viennent encore vomir sur eux une bande de voleurs qui les empêchent de se livrer à leurs travaux déjà si pénibles et si peu fructueux !

Eh! non, l'Administration pénitentiaire a bien autre chose à faire qu'à veiller à ses évadés, à organiser des battues pour protéger les colons libres... Que lui importe les pauvres diables que ses hauts fonctionnaires ont l'habitude de traiter avec une sorte de hauteur dédaigneuse? Les colons libres! Allons donc, mais ce sont, à leurs yeux, les derniers des hommes... Nous avons souvent entendu plusieurs de ces messieurs avancer avec le plus grand sang-froid que les colons ne sont en Calédonie que parce qu'ils *crèvent de faim* ailleurs... D'où leur mépris et bien autre chose encore; voyons plutôt comme M. X..., alors directeur par intérim de l'Administration pénitentiaire, accueillait les colons libres qui avaient à se plaindre des déprédations causées par les pensionnaires du bagne:

Dans la nuit du 22 au 23 novembre 1881, sept condamnés du camp de Nakéty s'évadaient en enlevant la baleinière de M. Fullet, laborieux colon de l'endroit. Aussitôt l'évasion connue, trois navires de l'État furent lancés à la poursuite de l'embarcation, qui ne fut point retrouvée.

Le propriétaire de la baleinière s'imagina que l'Administration pénitentiaire devait, en toute justice, être responsable du vol commis en cette circonstance par ses condamnés, et il s'adressa au Chef de la colonie pour qu'il voulût bien lui faire verser, par l'Administration pénitentiaire, la somme représentant la valeur de l'embarcation, ou lui faire livrer une baleinière pareille à celle qui lui avait été enlevée. M. Fullet n'eut jamais de réponse du Gouverneur; mais il lui arriva de M. X..., directeur de l'Administration pénitentiaire, la lettre qui suit et que nous recommandons comme un chef-d'œuvre de mauvaise foi et comme l'expression très caractéristique du respect de la Pénitentiaire pour la colonisation libre.

A Monsieur FULLET, à Nakety

MONSIEUR,

En réponse à la lettre que vous avez adressée à M. le Gouverneur en date du 18 février, j'ai l'honneur de vous informer que Administration ne peut *accueillir* votre demande de paiement au sujet d'une baleinière qui *vous aurait été enlevée par des condamnés. La responsabilité, pour exister, doit être établie sur des faits bien déterminés*, constatés par des procès-verbaux ou pièces officielles faisant foi; *si un jugement avait fait connaître que des condamnés étaient coupables du vol de votre embarcation, on aurait pu demander au Gouverneur de faire imputer sur le pécule des condamnés le montant du dommage, mais à défaut d'une base sûre, votre réclamation n'étant appuyée que sur des hypothèses, relativement aux coupables*, il n'est pas possible de fixer une responsabilité quelconque.

Dans le cas où vous persisteriez *à penser* que l'Administration de la colonie doit être responsable du vol de votre embarcation, Nakety, le Chef de la colonie me charge de vous faire connaître qu'il *vous est loisible de faire valoir vos moyens en justice* (on sait ce que coûte la justice et qu'il faut être riche pour y recourir.)

Agréez, etc.

Le Directeur de l'Administration pénitentiaire,

Signé : X...

Cette lettre se passe de commentaires, et la suite prouva que la fin de non-recevoir donnée par M. X... était tout arbitraire. Quant au dernier membre de phrase, on peut le considérer comme une véritable insulte lancée gratuitement à la face d'une malheureuse victime de l'incurie de l'Administration pénitentiaire, victime à laquelle le Chef de la colonie semble retirer l'appui naturel qu'il devrait lui prêter.

Autre fait, trois mois plus tard :

Une embarcation est volée à M. Lacroix, colon de la Nouvelle-Calédonie, dans un but d'évasion, par des forçats qui font maladroitement naufrage sur un récif où la police les cueille. M. Lacroix réclame la réparation des avaries dont sa baleinière a souffert ; voici l'étrange lettre par laquelle le directeur de l'Administration pénitentiaire croit devoir répondre à une demande aussi équitable.

« J'ai l'honneur de vous faire connaître, Monsieur le directeur de l'intérieur, que *rien ne prouve* que ce sont les condamnés évadés qui ont pris l'embarcation, attendu que le procès-verbal n'en fait pas mention. Dans tous les cas l'Administration pénitentiaire *ne saurait, à priori, accepter la responsabilité des vols commis par les condamnés évadés ni des dommages qu'ils causent aux particuliers.*

Cela étant bien établi (?), je crois devoir vous faire remarquer que je n'ai été informé ni de l'enlèvement de l'embarcation de

M. Lacroix ni des circonstances dans lesquelles il a eu lieu...;
enfin, le procès-verbal joint à la lettre du 16 avril constate seulement que l'embarcation de M. Lacroix a deux voies d'eau,
mais n'en précise pas l'origine. (C'est admirable de bonne foi!)

Je ne puis, en conséquence, Monsieur le Directeur, que vous
envoyer la lettre de M. le chef du troisième arrondissement (par
laquelle ce fonctionnaire avertissait M. le Directeur de l'Administration pénitentiaire de l'événement) qui ne me paraît susceptible
d'aucune suite. (M. X..., esprit faible, redoutait un blâme administratif s'il eût agi comme le voulait l'équité.)

Toutefois, je ne me refuse pas à autoriser l'exécution, par le
pénitencier de Bourail, des réparations dont peut avoir besoin
l'embarcation de M. Lacroix, mais à la condition que *les frais en
seront supportés par celui-ci* et qu'il *versera au préalable*, dans la
caisse de M. l'officier d'administration de Bourail, la somme à
laquelle seront évaluées ces réparations par M. le capitaine
d'artillerie chargé du service des travaux sur les lieux. »

LE DIRECTEUR DE L'ADMINISTRATION PÉNITENTIAIRE,

Signé : X...

Ainsi rien ne prouve à M. le directeur X... qu'il
faille imputer à des forçats évadés le vol de l'embarcation, bien que la police ait arrêté elle-même les forçats
en question dans cette embarcation; elle les a arrêtés,
elle les a ramenés! M. X... trouve aussi que le procès-verbal n'est pas explicite; notre directeur reconnaît
ainsi sa parfaite ignorance des faits et gestes de ses
administrés, et cela dans la circonstance grave d'une
évasion; peut-on, dès lors, s'étonner que des centaines
de forçats en rupture de ban parcourent la malheureuse
colonie, pillent les propriétés privées et causent à tous

moments aux colons les angoisses les plus vives? (*XIXe Siècle.*)

Dans le cas de M. Fullet, trois navires de guerre poursuivent l'embarcation;

Dans le cas de M. Lacroix, la police saisit les condamnés dans l'embarcation;

M. X..., directeur de l'Administration pénitentiaire, déclare imperturbablement que cette Administration n'est pas responsable : Prouvez-moi, dit-il avec flegme que les forçats ont volé ces embarcations!... Pauvres colons! Ayant ainsi perdu leurs moyens de transport, ils furent réduits à louer les barques ou les pirogues de leurs voisins pour continuer leur petit commerce.

Voici, maintenant, une troisième affaire du même genre, il s'agit de l'embarcation Castex enlevée dans les mêmes circonstances (28 février 1882).

L'affaire du bateau de M. Castex nous offre un nouvel exemple des raisons derrière lesquelles l'Administration pénitentiaire prétend se retrancher en semblable circonstance.

L'embarcation était mouillée à cinquante mètres de terre, les condamnés qui étaient employés au parc à charbon (Nouméa) sont allés la prendre et l'ont fait accoster à l'appontement du parc. Ils ont ensuite rempli une barrique d'eau à une borne-fontaine et l'ont embarquée. Tout l'armement du bateau, le gouvernail, les avirons, les tollets et le foc étaient enfermés sous clef dans une case où M. Castex était autorisé à déposer son outillage de pêche. Les transportés ont brisé la porte avec un ciseau à froid, suivant constatation du commissaire de police. Et cela s'est passé en plein jour, à une heure et demie. Ces condamnés devaient être accompagnés d'un surveillant, et cependant personne ne s'est aperçu de leurs menées; personne n'a été là pour con-

stater leur absence du travail et pour les suivre dans une opération aussi suspecte. Nous ne voulons pas mettre en cause le surveillant auquel incombait ce service. Peut-être cet agent était-
il occupé ailleurs, peut-être a-t-il été dans l'impossibilité de
voir ce qui se passait. Nous n'incriminons pas l'Administration
pénitentiaire, mais il est bien évident, pour toute personne non
prévenue, que cette administration doit accepter la responsabilité
du dommage causé à M. Castex.

Eh bien! non! il paraît que c'est M. Castex qui a tort, voilà
du moins ce que l'on cherche à établir.

M. Castex a été en effet cité à comparaître devant le tribunal
de simple police, pour contravention aux articles 86 et 92 de
l'arrêté du 12 juin 1875. On va voir ici combien la mauvaise
volonté de l'Administration est évidente. Voici cet article 86 :

Toutes les embarcations placées *la nuit* dans un lieu quelconque de stationnement devront être gardées solidement attachées
à un poteau ou à un arbre, au moyen d'une chaîne en fer munie
d'un cadenas. Les mâts, les voiles, avirons et gouvernail seront
mis en lieu de sûreté

Ainsi on ne trouve rien de mieux que d'invoquer contre
M. Castex un article indiquant les précautions à prendre pour
les embarcations *la nuit*, tandis que le fait dont il a été victime
s'est passé en plein midi, c'est-à-dire qu'il faut à tout prix
trouver M. Castex en faute. C'est-à-dire que l'Administration
pénitentiaire, ne pouvant pas s'appuyer sur les fins de non-recevoir par lesquelles elle avait écarté les réclamations de MM. Fullet et Lacroix, change de tactique. Elle prend les devants cette
fois, c'est elle qui attaque.

Nous ne pouvons pas prévoir quelle décison rendra le tribunal
dans cette affaire; mais nous devons dire combien cette manière
d'agir nous paraît peu digne d'une Administration consciencieuse.
Nous pensons que ce n'était pas à l'Administration de provoquer
le conflit. En prenant cette attitude agressive, elle nous fait
voir qu'elle n'entend pas se laisser imposer par un jugement

la réparation du dommage causé par son fait, mais qu'*elle ne veut pas* réparer ce dommage. En supposant qu'elle réussisse, elle aura économisé le prix d'une embarcation, mais elle n'aura certainement rien gagné en considération. De pareils procédés ne sont pas faits pour donner raison à ceux qui reprochent aux colons de nourrir des sentiments malveillants contre l'Administration pénitentiaire. Nous repoussons, quant à nous, ce reproche de malveillance, mais nous sommes vraiment affligés de rencontrer aussi peu d'équité dans une administration française.

(Le Néo-Calédonien.)

Les faits qui précèdent et les lettres que nous avons citées suffisent à dévoiler la situation faite à la Colonie par l'Administration pénitentiaire. Rien de plus triste assurément, alors surtout que de la fermeté et de l'intelligence du directeur de cette Administration pourrait dépendre un bien-être relatif; ce qui fait dire au journal *le XIXe Siècle* que nous avons déjà cité plus haut :

De la valeur de ce fonctionnaire résulteraient l'ordre, l'utile et judicieux emploi, l'économie dans l'entretien d'une douzaine de mille de condamnés ; il dispose d'un budget considérable en même temps que d'une autorité presque sans limite. L'emploi est largement rétribué d'ailleurs. M. le Directeur habite gratuitement un palais et jouit de bien d'autres avantages. N'est-il pas bizarre que la direction des Colonies confie un pareil poste au fonctionnaire capable d'écrire les lettres citées plus haut ? Il semble vraiment qu'elle n'ait aucun souci de la valeur de ceux qu'elle emploie; cela suffirait à expliquer le peu de prospérité de la colonie, en même temps que ces mesures insensées dont on ne s'est pas assez ému jusqu'ici.

Voici maintenant deux dépêches ministérielles exposant pour ainsi dire la judiciaire du Ministère de la marine, en ce qui concerne les dommages causés par condamnés :

Paris, 24 juillet 1878.

Monsieur le Gouverneur (1882-83, page 191)

Par dépêche du 8 avril dernier, n° 205, je vous ai prescrit de faire rembourser au sieur M... la valeur d'une embarcation qui lui avait été volée par des condamnés évadés *employés en qualité de cantonniers par le service local*. Le fait était passé depuis longtemps déjà, la recherche des circonstances était difficile à faire, j'ai cru devoir laisser supporter la dépense au service pénitentiaire, bien que le service employeur, c'est-à-dire le service local, pût être à la rigueur rendu responsable.

Mais je désire que pour l'avenir le service pénitentiaire soit tout à fait dégagé de ces sortes de responsabilités. Je vous prie de prévenir les *services engagistes* que, dorénavant, ils auront à supporter les conséquences de vols ou déprédations quelconques commis par les condamnés dont ils prendront la direction. D'un autre côté, les habitants devront être informés que l'Administration ne se reconnaîtra pas responsable lorsqu'ils n'auront pas pris toutes les précautions prescrites par l'autorité. En tous cas, si des difficultés étaient soulevées sur ces différents points, elles devraient être déférées aux tribunaux ordinaires.

Recevez, etc.

Signé : POTHUAU.

Paris, 5 décembre 1881.

Monsieur le Gouverneur (1882-83, p. 205)

Par lettre du 2 septembre dernier, vous m'avez adressé le

rapport de la commission chargée de réglementer les précautions à prendre contre les dommages que peuvent causer les condamnés évadés.

Cette commission s'est prononcée pour l'application du droit commun dans les cas de dommages que l'on supposerait avoir été causés par les évadés, mais elle n'a pas admis que les habitants pussent être tenus à certaines obligations pour diminuer les chances d'évasion.

En présence des raisons invoquées par la commission, je suis d'avis d'adopter cette solution. Les tribunaux apprécieront les cas où le service pénitentiaire devra être considéré comme civilement responsable.

Recevez, etc.

LE MINISTRE DU COMMERCE ET DES COLONIES

Signé : ROUVIER.

En laissant aux services publics qui emploient les condamnés la responsabilité des dommages causés par ces condamnés, le Ministère reconnaît de ce fait l'Administration pénitentiaire elle-même responsable des dommages causés par les condamnés pendant qu'ils sont au pénitencier.

D'autre part, il laisse aux tribunaux le soin de prononcer dans les cas douteux... Malheureusement on a pu voir comment les directeurs interprètent les instructions ministérielles, alors même qu'elles sont empreintes de ce cachet de profonde honnêteté que portent les deux dépêches que nous venons de citer. Il y a donc nécessité et nécessité absolue, pour l'Administration supérieure, d'apporter le plus grand soin dans le choix de son personnel colonial. Nous restons, nous, bien persuadé que du choix des administrateurs de l'Administration pénitentiaire pourrait dépendre immédiatement une amélioration considérable dans la situation que nous venons de constater, même en maintenant le déplorable système actuel, et à plus forte raison si l'on se décidait enfin à appliquer la loi de 1854 dans sa lettre et dans son véritable esprit.

CHAPITRE VIII

Avant d'aller plus loin et de passer à une rapide étude des moyens de réforme que nous avons le devoir d'exposer après le blâme formel que nous avons porté dans les pages précédentes, nous croyons utile d'attirer l'attention sur quelques particularités du système administratif du gouvernement actuel des bagnes.

Dans les deux volumes de notices publiés par la Marine et contenant les années 1880-81, 1882-83, nous sommes frappés de l'insistance du pouvoir central auprès de l'Administration locale, Guyane et Calédonie, à l'effet d'obtenir non seulement la mise en concession des condamnés, mais encore et surtout leur mariage.

L'Administration centrale, remplie évidemment de bonnes intentions, mais paraissant aussi non moins remplie d'illusions au sujet du personnel qui la préoccupe, s'est imaginé qu'il y avait un intérêt puissant, dans un but de régénération, comme aussi pour attacher le condamné au sol de la colonie, de placer le plus rapidement possible le condamné marié en concession et de lui amener sa femme et sa famille. Elle recommande non moins sévèrement la constitution de la famille, à l'aide des femmes provenant des maisons centrales et expédiées dans ce but aux colonies, pour les condamnés célibataires.

Il y a là, évidemment, une situation fort délicate, surtout si nous considérons le peu de souci que prend notre société des malheureuses que pouvait soutenir un père, un mari, un fils, avant sa condamnation et qui restent souvent complètement sans ressources après le départ du coupable; mais après avoir constaté ce que sont les quatre cinquièmes des ménages de Bourail et autres pénitenciers, nous restons bien persuadé que si l'État doit venir en aide aux familles des condamnés, il n'a du moins rien à espérer, dans le sens de la moralisation, de la réunion de ces familles à ceux qui les ont déshonorées.

L'Administration locale s'est parfaitement rendu compte de l'exactitude des observations qui précèdent, et, plus directement responsable aux yeux de la population libre de la colonie, elle a hésité à introduire trop largement dans les pénitenciers les familles que le Ministère tenait à lui faire accepter; nous lisons à ce sujet, page 356, notice 1882-83 :

Le Gouvernement a pensé que, dans l'intérêt de la colonisation pénale, il convenait de faciliter autant que possible la réunion des transportés à leur famille afin de les attacher définitivement au sol de la colonie.

Les autorisations de cette nature, si elles étaient largement accordées, sans enfreindre toutefois les prescriptions du décret du 18 juin 1880, ne manqueraient pas d'avoir les plus heureux effets sur l'esprit des condamnés et seraient sans doute très pro-

fitables au développement de la colonie elle-même (?). *Malheureusement l'Administration pénitentiaire semble jusqu'ici n'avoir pas
compris les intentions bienveillantes du Département*, et les nombreuses
demandes formulées par les familles des transportés sont indéfiniment ajournées. Ces ajournements sont motivés, tantôt par
le trop court séjour du condamné dans la colonie, bien qu'il soit
parvenu à la première classe, tantôt par la durée trop longue de
la peine qu'il lui reste à subir.

*De semblables objections ne me paraissent pas suffisantes pour jus-
tifier le refus d'envoi en concession des condamnés réunissant les conditions réglementaires, alors surtout que ce refus doit avoir pour conséquence d'empêcher les familles d'aller les rejoindre dans la colonie
pénitentiaire...*

Ainsi, l'Administration supérieure oublie absolument
que le condamné aux travaux forcés doit subir là peine
la plus grave que croit édicter notre Code après celle
de mort; elle ne tient plus compte ni de la durée de la
condamnation, ni du temps passé au bagne... Si un
condamné laisse en France une famille, elle n'entend
et ne voit qu'une chose, c'est qu'il importe de faire le
plus vite possible à ce condamné une situation qui
puisse permettre de lui expédier sa famille... et elle
engage son Directeur et son Gouverneur à fermer les
yeux sur la gravité des condamnations, sur le peu de
temps écoulé depuis l'arrivée au bagne, pour arriver
de suite à la mise en concession qui permettra l'envoi
de la famille... *et le Gouverneur et l'Administration
pénitentiaire elle-même*, cette Administration que nous
avons montrée si disposée à toutes les concessions de
ce genre, *se demandent si réellement il existe encore des
travaux forcés.*

Donc, de par le raisonnement de l'Administration centrale, voici un condamné à perpétuité qui, après quatre années seulement d'une peine subie dans les conditions exposées plus haut, est placé en concession de terre, auquel on rend sa famille et qui, désormais, va pouvoir vivre comme un coq en pâte, sous la tutelle de l'État, avec des garanties sérieuses d'existence et de protection, alors que, s'il fût resté honnête homme, il n'aurait évidemment jamais pu réussir à acquérir la plus petite propriété et aurait été réduit à soutenir sa famille au prix des plus terribles efforts!

Eh bien! oui, l'Administration de la transportation elle-même a jugé que le colon libre pourrait bien être scandalisé d'un pareil état de choses, et que, comparant la situation pénible qui lui est faite à celle du forçat, il pourrait se prendre à regretter cette honnêteté qui le condamne à la misère et se laisser tenter par le bien-être étrange que l'on rencontre au bagne... Elle a cherché, en conséquence, à opposer la force d'inertie aux injonctions pressantes de la Métropole. Mais le Ministre peut ordonner, et il insiste en ces termes :

Cependant les demandes de passages formées par les familles de transportés s'accumulent en vain et lorsque, de loin en loin, après de longs mois d'attente, l'une d'elles est enfin autorisée à se rendre à la colonie, il arrive le plus souvent qu'elle refuse une autorisation dont elle ne peut plus profiter, les lenteurs de l'Administration l'ayant placée dans la nécessité de renoncer à ses projets d'émigration et de prendre d'autres dispositions pour assurer son existence en France.

Le Département a, en ce moment, près de quatre-vingt-dix

demandes de cette nature en instance. Plusieurs d'entre elles remontent à 1877, 1878 et 1879, et il me *paraît difficile d'admettre que depuis ce temps l'Administration pénitentiaire de la Nouvelle-Calédonie n'ait pas trouvé, dans le nombre des condamnés que leur famille demande à aller rejoindre, des sujets susceptibles d'être mis en concession, et par suite de recevoir leur femme et leurs enfants.*

Cette grave et délicate question de la destinée réservée par la société et par l'État à la famille du condamné a frappé nombre d'esprits distingués et elle a été traitée d'une façon remarquable par des hommes compétents.

Si, dans les lignes précédentes, nous avons voulu démontrer que l'Administration pénitentiaire de la transportation ne sait point préparer ses condamnés à jouir d'une faveur aussi considérable que celle de leur réunion à leurs familles, si nous avons cru devoir établir, par le procès Bascans, ce que valent la plupart de ces familles dans le grand pénitencier agricole de Bourail, nous sommes loin de nier cependant qu'il y ait quelque chose de sérieux à faire dans cette voie, et nous reviendrons sur cet intéressant sujet dans la dernière partie de ce travail. Nous prions le lecteur de remarquer encore une fois que nous ne songeons en rien à attaquer la loi de 1854 dans son esprit; nous n'avons jamais fait que d'en blâmer la forme un peu vague, son élasticité en quelque sorte, laquelle permet les interprétations par trop fantaisistes qui ont entraîné nos gouvernants et l'Administration de la transportation à des essais fâcheux, à des mesures qui nous semblent compromettre aujourd'hui deux de nos colonies et la sécurité de la Métropole elle-même.

Puis le Ministre ajoute, avec un sérieux qui prouve sa conviction sincère :

La constitution de la famille sur les pénitenciers étant le meilleur moyen de moralisation, le Département a songé aussi aux condamnés célibataires, et il fait choisir dans les maisons centrales, par une inspectrice générale des prisons, les femmes qui consentent à être transportées pour contracter mariage dans la colonie.

...Quelques-uns de ces ménages composés de deux êtres que la société a repoussés de son sein ont prospéré rapidement, et ces exemples, *quelque rares qu'ils soient*, sont de nature cependant à engager le Département à poursuivre l'œuvre de la moralisation des condamnés par le travail et par la famille (!!!).

Les personnes qui n'ont aucune idée de ce que vaut l'être susceptible de se faire condamner aux travaux forcés (et nous ne parlons pas ici des malheureux qui tombent dans un moment de folie ou de rage) seront évidemment séduites par cette théorie vraiment humanitaire;... mais qu'un Ministre, qui doit avoir l'expérience suffisante avant d'ordonner, vienne affirmer d'une façon aussi positive des principes dont toutes les expériences administratives ont démontré la fausseté, voilà qui est au moins étrange, mais qui explique les nombreux errements de l'Administration supérieure dans la direction de la transportation pénale.

Nous avons vu de très près les mariages de Bourail et nous pouvons rendre un compte exact de ce qu'ils sont et de la moralisation qui en résulte tant pour les ménages nouveaux que pour la population locale environnante.

Les femmes des maisons centrales de France dont parle le Ministre, M. Jauréguiberry, sont recueillies à Bouraïl dans une sorte de couvent dont les sœurs de Saint-Joseph ont la surveillance. Cette singulière maison est réglée absolument comme un pensionnat, à cela près que les élèves y sont en instance de mariage. Nous avons pu nous procurer quelques détails sur la vie intérieure de l'établissement et, si ce qui nous en a été dépeint est l'expression de la vérité, nous devons plaindre de tout cœur les femmes honnêtes qui acceptent, par dévouement, la garde de ces brebis égarées et vicieuses. On ne saurait se faire une idée des ruses employées par les pensionnaires pour établir des relations avec l'extérieur, et des moyens ingénieux qu'elles exploitent et qui les conduisent toujours à leurs fins.

Cependant, après l'arrivée d'un nouveau convoi d'aspirantes, les célibataires des pénitenciers agricoles s'informent, et s'ils viennent à s'assurer, par le témoignage des Arabes (gens experts en la matière) préposés à la garde du couvent, qu'il existe quelques recrues de belle prestance parmi les récentes débarquées, ils se mettent immédiatement sur les rangs et se font inscrire à l'effet de pouvoir bientôt présenter leurs hommages et leur cœur à ces femmes d'élite.

Au jour fixé pour la présentation, le condamné amateur est introduit dans une salle que partage une grille, et là, une bonne sœur lui amène l'aspirante qu'il a désignée ou, s'il n'en a désigné aucune, celle qui paraît la plus décidée du troupeau, ou celle peut-être dont les surveillantes ont hâte de se débarrasser. Alors s'établit une conversation intéressante, prélude de la moralisation définitive, entre ces deux criminels que des barres de fer isolent et que surveille une religieuse.

Si, après les pourpalers préliminaires, les cœurs n'éprouvent aucune attraction sentimentale, l'affaire peut en rester là et le postulant pourra revenir et tenter une nouvelle épreuve ou essayer l'influence de ses charmes et de son langage sur un nouvel objet plus en rapport peut-être avec ses aspirations et son mérite; mais s'il y a sympathie, élans mutuels, le mariage est arrêté et se fera dans les délais voulus par la loi.

Le Ministre parle des quelques rares exemples de prospérité offerts par ces sortes d'unions entre criminels, mais la plupart du temps ces mariages ont tout simplement pour but l'exploitation de la femme par le mari. On cite des cas où ce trafic a commencé le jour même de la cérémonie nuptiale, et, le lendemain, au jour, la nouvelle mariée devait rapporter au logis une somme fixée par le seigneur et maître, ou faire d'ores et déjà connaissance avec le bâton qui restera l'arbitre de ses destinées... Aussi l'on comprend parfaitement pourquoi chacun s'empresse d'épouser les jolies pensionnaires du couvent de Bourail.

Et nous nous demandons comment de pareils ménages pourraient prospérer, comment un homme sensé, un administrateur, un directeur, un ministre peut avoir une foi assez robuste pour croire et essayer de persuader aux autres qu'il entrevoit dans ces unions entre assassins, faussaires, voleurs d'une part, et voleuses, incendiaires, infanticides de l'autre, un moyen de moralisation !

Arrivés à la libération, tous ces gens-là, ou presque tous s'enfuient à Nouméa, seul centre de la colonie où ils puissent en liberté exploiter leurs vices et en vivre. Là, dans d'infectes tanières, la prostitution et le vol forment l'épilogue de la moralisation des condamnés *par le travail et par la famille*, comme le dit l'amiral Jauréguiberry.

Voici, par des exemples, ce que valent généralement ces mariages entre condamnés, prônés par le Ministère comme une voie de régénération :

Bourail, 26 janvier 1884 (1).

Un régénéré du nom de Pouillé fut mis en concession, on ne sait trop pourquoi, il y a quelque temps. Par la même occasion, il fut autorisé à prendre femme jeune et jolie, laquelle ne fut pas trop satisfaite, paraît-il, de l'installation de son époux. Quarante-huit heures après son mariage, Pouillé fut arrêté à deux heures de l'après-midi, au moment où il allait tranquillement couper le cou à sa jeune moitié. L'arrivée des agents empêcha le crime d'être commis. Pouillé en fut quitte pour quelques jours de prison parce qu'il avait été surpris commettant son crime sur la porte d'un fonctionnaire de chez lequel sa femme sortait.

Voilà pourquoi aussi cette vilaine affaire fut étouffée

---

(1) Cette lettre est extraite du *Néo-Calédonien*.

et pourquoi le jeune ménage fut raccommodé par ordre supérieur.

Mais ce raccommodage ne pouvait être de longue durée :

Avant-hier, la femme Pouillé se sauvait de chez elle à temps pour ne pas être assassinée. Le mari se vengea en mettant le feu à sa propre maison. Depuis, il est en évasion. Pour se distraire, il met le feu aux maisons des concessionnaires avec lesquels il vivait en mauvaise intelligence. On vient de signaler l'incendie d'une de ces maisons au moment où je vous écris. Les Canaques de la police et plusieurs surveillants sont en expédition pour capturer ce misérable ; y parviendront-ils avant que nous ayons à enregistrer de nouveaux malheurs ?

A qui doit remonter la responsabilité de ces graves événements si ce n'est au fonctionnaire qui accorde à tout venant la faveur de devenir concessionnaire, alors qu'elle était naguère réservée aux sujets d'une conduite éprouvée et qui avaient subi un long temps d'épreuve ? — Aussi, que ce pauvre Bourail a changé ! Le haut du pavé appartient aujourd'hui aux vauriens que rien ne retient, ou aux parasites de la prostitution.

Qui donc enverra une bonne commission d'enquête qui veuille se rendre compte de ce qui se passe ici ?

Que dites-vous d'un travail complet qui serait envoyé à la presse, à Paris ? Vraiment on ne peut plus vivre ici.

— En voici un autre qui tue sa femme pour de bon, c'est le nommé Mohamed Belgassem qui avait été condamné aux travaux forcés pour homicide volontaire sur sa première épouse, en Algérie. C'est un homme aux apparences athlétiques, à figure sombre, qu'on n'aimerait pas à rencontrer dans un bois; il s'est remarié à Bourail, sous l'aile régénératrice de l'Administration. Il était jaloux, en Algérie, il y tuait sa première femme; il est jaloux en Calédonie, (jaloux d'une élève du couvent de Bourail? n'importe), il tue sa seconde épouse.

L'acte d'accusation, dit un journal, est remarquable par sa concision et sa netteté; il y a des considérants si justes que nous regrettons de ne pouvoir les placer sous les yeux de nos lecteurs.

M. le capitaine d'infanterie de marine Legros, chargé du soin d'instruire cette délicate affaire, s'en est tiré avec beaucoup d'habileté. Les appréciations de M. le capitaine Legros sur le résultat funeste de *presque toutes les unions entre hommes et femmes condamnés aux travaux forcés* en Calédonie mériteraient d'être rapportées dans un ouvrage spécial, et nous ne doutons pas que, si M. le Rapporteur voulait s'en donner la peine, le légitime succès qu'obtiendrait son livre ne rendît un grand service à la morale publique en mettant sous les yeux des philanthropes en chambre le résultat de leurs utopies.

C'est le 23 octobre 1883 que le condamné Belgassem Mohamed s'est marié en l'église de Bourail, avec la nommée Honorine Massé, condamnée à l'emprisonnement; et, en même temps que ce couple intéressant, dix-sept autres de même origine recevaient la bénédiction nuptiale!

Nous pourrions multiplier ces citations, mais pourquoi? Ne suffit-il pas de réfléchir un instant pour
rester convaincu de l'impuissance d'une méthode qui
facilite tout au contraire l'exploitation du vice dans des
centres si bien disposés pour cette exploitation.

Nous avons montré la femme Pouillé assassinée par
son mari sur la porte d'un fonctionnaire... Peut-être
ce Pouillé ne s'était-il pas marié dans un but détestable,
peut-être avait-il la ferme résolution de se créer un
intérieur vertueux, de se créer une nouvelle famille...
Mais la femme, elle, avait-elle les mêmes résolutions?
Femme du trottoir, peut-être, n'avait-elle pas aspiré à
la main d'un forçat de Bourail simplement pour
échapper à la maison centrale et recommencer ses
opérations dans les brousses calédoniennes, à l'aide de
l'élément administrateur? Qui sait? La nature humaine
a de ces écarts chez le fonctionnaire lui-même alors
qu'il est appelé à passer son existence loin du milieu
auquel il était destiné, seul, célibataire, sous un ciel
brûlant... Aussi, qui oserait lui jeter la première pierre
sans blâmer douloureusement d'abord législateurs et
ministres qui votent et encouragent de pareilles institutions? Quel est l'homme sensé qui ne comprendra
pas qu'en unissant à la douzaine, à la vingtaine, comme
à Bourail, anciens rouleurs de barrières et filles soumises
fraîchement débarquées des maisons centrales, on
constitue tout simplement, dans ces fameux pénitenciers agricoles qui coûtent annuellement des millions
à la France, des cloaques immondes où ce qui reste de
bon devient fatalement mauvais, ou sombre!

Et voilà ce que le Ministre de la Marine, l'amiral Jauréguiberry, illusionné par les rapports fantaisistes de ses directeurs et de ses inspecteurs, appelle la *moralisation des condamnés par le travail et par la famille!*

CHAPITRE IX

Nous n'avons pu, dans un ouvrage de ce genre, que donner un aperçu de ce qu'est devenue, entre les mains de l'Administration pénitentiaire coloniale, l'institution philanthropique de la transportation. Notre but est d'avertir la Métropole du danger que court notre société si l'on n'apporte promptement un remède énergique à un pareil état de choses. Alors que crimes et délits se multiplient sans scrupules au milieu de la capitale même, il importe que les voleurs et les assassins ne puissent plus échaffauder leurs projets sur la bénignité des travaux forcés et n'aient plus de raison de considérer la Nouvelle-Calédonie comme un pis-aller des plus confortables; il importe que l'homme honnête n'ait plus à envier, dans la misère où la société l'abandonne, le sort fait aux plus grands criminels ; il faut que le bagne redevienne ce qu'il n'aurait jamais dû cesser d'être : la peine la plus redoutable de notre Code.

Il nous reste à conclure, et nous allons le faire, en exposant les voies et moyens par lesquels notre expérience personnelle nous a laissé entrevoir la possibilité d'appliquer la loi du 30 mai 1854 avec son esprit philanthropique et régénérateur, tout en assurant à la société la répression effective des crimes, c'est-à-dire la sécurité aujourd'hui compromise.

La première préoccupation du législateur, on l'a vu pour la loi sur les récidivistes, est de débarrasser le sol de la Métropole des malfaiteurs qui en sont la plaie; de là la loi de 1854 sur la transportation, aux colonies, des condamnés aux travaux forcés; de là la loi récente contre les récidivistes.

Dans les deux cas, la France consent aux plus grands sacrifices pécuniaires à condition que les mesures prises seront définitives et assureront sa sécurité.

Eh bien! dans les deux cas aussi, ces mesures, pour être définitives et effectives doivent avoir un cachet coërcitif tel que le condamné ne soit point tenté de considérer le séjour des colonies pénitentiaires comme une amélioration à la situation où il se trouvait avant de commettre le crime.

La question est donc complexe: d'une part, la société doit se préoccuper du sort des malheureux encore honnêtes mais dans l'impossibilité de se procurer des moyens d'existence; d'autre part, elle doit faire autre chose que de procurer une propriété et assurer un avenir au misérable qui commet un crime: elle doit le punir.

Ce qui revient à dire qu'avant de doter le criminel de moyens faciles d'existence, la société a le devoir de penser tout d'abord au paysan malheureux, à l'ouvrier sans travail, aux Français honnêtes qui demandent la possibilité d'arriver par leur labeur à se nourrir et à élever leur famille... et c'est là la théorie préventive, humanitaire par excellence, puisqu'elle court au-devant de la chute et évite l'application de la théorie douteuse de la moralisation et de la régénération.

A ceux qui consentent à s'expatrier (et il en est beaucoup qui ne sont retenus que par les mille entraves administratives qu'on leur oppose), l'État devrait pouvoir dire : Vous voulez aller vous installer sur les territoires encore libres dont la France dispose sur ses Colonies ? Oui, c'est une bonne détermination, courageuse et patriotique en même temps, je vous remercie de votre énergie et je veux la seconder ; je vais, moi aussi, faire preuve de bonne volonté ; voici un billet à la présentation duquel le chemin de fer vous transportera, vous et vos bagages, jusqu'au port d'embarquement où le navire X... vous prendra pour vous déposer à la colonie même ; là, le Gouverneur vous assurera un abri provisoire et les moyens de subsistance jusqu'à votre transport sur le lot de terrain qui vous sera assigné et dans des conditions telles que vous pourrez vous y installer et y pourvoir à votre existence ; sur cette terre choisie pour vous, vous vivrez selon votre labeur (1) !

On paraît croire généralement en France, — et c'est une erreur profonde, — que fort peu de gens se soucient d'aller aux Colonies se faire une situation meilleure. Nous pouvons répondre à cette sorte de dicton si

(1) C'est ainsi qu'agissent presque tous les autres peuples.

peu fondé qu'en 1885 seulement, la Société française
de colonisation a reçu plus de vingt mille demandes
de passages pour certaines colonies; et ces demandes
provenaient en grande partie de familles ayant encore
quelques ressources, décidées à émigrer avec tous leurs
membres : père, mère et enfants, et possédant les
qualités nécessaires pour faire souche dans les pays
où elles se seraient fixées. La Société, qui avait à sa
disposition dix mille hectares de terrains choisis, pouvait souscrire à une grande partie des demandes...
Mais l'État exige une certaine somme pour le transport
par ses navires jusqu'au lieu d'établissement, et cette
somme, toute minime qu'elle paraisse quand il s'agit
de quelques émigrants, constitue un empêchement
absolu, alors qu'elle doit être répétée des milliers
de fois.

Il y a là un vice radical dans notre organisation
sociale : nous n'avons pas les moyens de transporter
nos nationaux honnêtes pour en peupler nos colonies;
nous les laissons dans la triste nécessité de mourir de
faim ou de commettre un acte qui nous oblige à les
transporter comme malfaiteurs... et tout cela sans
paraître nous apercevoir que s'il existe tant de récidivistes sur le territoire métropolitain, la constitution de
notre société en est bien un peu la cause.

Ce que nous écrivions, au moment de la discussion
de la loi sur les récidivistes, à l'honorable sénateur
Schœlcher, dans une lettre qui fut distribuée à la
Chambre des députés, peut tout aussi bien s'appliquer
à toute la catégorie des gens tombés que nous sommes

forcés d'expédier aux colonies. Nous croyons qu'il n'est pas inutile de mettre ce document sous les yeux du lecteur. Voici cette lettre :

A Monsieur V. SCHŒLCHER, sénateur,

VICE-PRÉSIDENT DU CONSEIL SUPÉRIEUR DES COLONIES.

Cher et vénéré Collègue,

Vous avez dit beaucoup dans votre brochure *la loi des Récidivistes et les Colonies*, mais il reste encore bien des choses à dire ; voulez-vous me permettre d'apporter mon contingent ? Je suis sûr que vous m'accueillerez avec votre bienveillance inépuisable, puisque je défends aussi les intérêts de ces colonies que vous aimez tant.

Je dois d'abord vous déclarer que ce qui me paraît le plus illogique dans cette malheureuse loi, c'est qu'elle prétend éteindre un mal organique en fustigeant la plaie, sans s'inquiéter d'extirper la cause ou les causes principales qui engendrent ce mal. Il est bien rare que l'on guérisse par la peur, et les bons médecins s'attaquent au germe de la maladie pour ne pas avoir plus tard à en combattre les effets. Ici, on frappe le produit sans songer à démolir la fabrique !

1° *Au lieu de peupler nos colonies des hommes de bonne volonté qui manquent de travail sur le sol métropolitain, nous les abandonnons sur le pavé jusqu'à ce que la misère et la faim les entraînent à une fatale extrémité.*

Voilà un des germes du mal ;

2° *Nous faisons, à la Nouvelle-Calédonie, une situation si agréable à nos plus grands criminels, aux forçats, que c'est à qui commettra le crime qui lui vaudra tant d'égards. On ne saurait appréhender un faux pas quand la chute est si douce !*

Voilà un autre germe du mal ;

3° *Les condamnés libérés sont placés sous la surveillance de la haute police; chassés de tous les ateliers, ils sont bien obligés de retourner à la rue et au crime, qui seul peut leur donner du pain.*

Voilà encore un germe du mal;

4° *Au lieu de transporter nos ouvriers malheureux à la Calédonie pendant qu'ils sont honnêtes, on va transporter en relégation ceux des bandits qui méritent le moins d'égards, substituant ainsi l'élément dégradé à l'élément honnête, continuant ainsi à favoriser le misérable et donnant à l'autre le temps de se dégrader.*

Voilà le plus triste germe qui pût éclore pour compliquer le mal.

Cette loi, qui vous paraît draconienne, mon cher Collègue, me paraît si douce, à moi qui ai vu ce que l'on fait des condamnés aux colonies, que je supplie le Parlement de vouloir bien l'appliquer, non aux récidivistes, mais à tous les ouvriers honnêtes sans position et qui en réclameront le bénéfice ! Mais jamais la France n'a favorisé l'émigration sur ses colonies comme elle se propose de favoriser la relégation des criminels... Comment ! On les transporte, on les loge, on les nourrit, on les paie s'ils travaillent... est-ce que jamais on en a fait autant pour l'honorable père de famille sans ouvrage ? Mais c'est à croire que notre société attend qu'on lui nuise pour tendre la main à ceux qui la dévorent.

Vous vous alarmez pour la Guyane, Monsieur le Sénateur, mais permettez-moi de vous faire remarquer que la Guyane, bien que menacée, est moins exposée que la Nouvelle-Calédonie, qui a déjà joui du privilège de la débarrasser des forçats européens, par raison de santé, et qui la débarrassera encore des récidivistes par raison analogue. Il est bien évident qu'après avoir été pris de pitié pour les forçats, on se sentira ému de compassion pour les récidivistes et... en route pour l'Eldorado des criminels, la Nouvelle-Calédonie ! On dépensera des sommes fabuleuses; mais peu importe.

Oui, c'est là, croyez-le bien, Monsieur le Sénateur et vénéré Collègue, qu'on finira par entasser toute la population pénale;

c'est là que l'on déversera trente mille récidivistes entre douze mille forçats et vingt-cinq mille sauvages Canaques; et je me demande s'il faudra une dose de philosophie aux trois mille colons libres qui se trouveront condamnés à élever leurs enfants au milieu de ces soixante-sept mille brigands ! Les récidivistes en liberté s'allieront aux forçats évadés, aux libérés fainéants; des bandes s'organiseront pour aller au pillage des indigènes et des colons; les colons qui voudront défendre leur bien seront égorgés, et les Canaques exaspérés tueront tous les blancs qui leur tomberont sous la main (1).

Il en est temps encore; que la Chambre entende ce cri d'alarme qui est aussi le cri de la raison, qu'elle sache employer les millions de la France à peupler ses Colonies de gens honnêtes et à prévenir le crime en punissant sérieusement les coupables, non en leur faisant faire une promenade autour du monde.

Cependant des obligations s'imposent; avant toute chose, il me semble, la sécurité des colons honnêtes doit préoccuper le gouvernement; il ne serait plus temps de s'alarmer et de prendre des mesures lorsqu'on apprendrait la nouvelle que tous ont été massacrés. Mais comment établir des moyens effectifs de défense et de protection sur une étendue de côtes atteignant mille à douze cents kilomètres ? Ce serait une nouvelle ruine pour

---

(1) Nos prévisions se sont réalisées à la lettre; la fièvre jaune de Cayenne a mis en émoi l'Administration; comment aurait-on pu exposer sans cruauté tant de malheureux récidivistes au sort réservé à nos employés, à nos administrateurs, à nos soldats ? Un millier va partir, annonce-t-on pour la Nouvelle-Calédonie pour l'île des Pins, qui est réputée comme le lieu le plus sain du globe entier... A la bonne heure ? Mais que feront ces hommes sur cette terre si maigre et si sèche où les déportés politiques se sont usé les ongles et n'ont laissé que des gourbis en ruine ? Hélas ! la France va encore manger là des millions à goberger des fainéants qui ne feraient rien sur une terre fertile, mais qui, au moins, auront, sur cette grève de corail et de fer, le prétexte de son aridité. Qu'arrivera-t-il ? Après une nouvelle expérience longue et ruineuse, on laissera passer ces messieurs sur la grande terre, où des agents de culture leur serineront les principes agricoles..., ils en profiteront pour s'unir aux évadés et aux libérés des bagnes et organiseront le pillage général de la colonie. Alors les malheureux colons gémiront et maudiront les négociants de Nouméa qui, dans l'espoir de vendre quelques denrées, demandent des bouches à nourrir, quelles qu'elles soient. Pauvre colonie !...

la France obligée d'entretenir, à six mille lieues, un véritable corps d'armée !

Eh bien! si l'on hésite encore à prendre le moyen le plus sage, le moins coûteux et très certainement le plus effectif qui consisterait à augmenter la peine et à appliquer sur place la cellule dans toute sa rigueur, on peut encore et l'on doit épargner nos Colonies en expédiant la récidive sur des terres neuves, fertiles où elle ne gênera personne, les Hébrides, les Salomon.

J'ose encore espérer, Monsieur le Sénateur, que le Parlement aura pitié de ces Colonies si françaises, qu'il ne les sacrifiera pas aux récidivistes, qu'il reconnaîtra la nécessité de frapper d'abord le mal dans son germe et de l'étouffer dans la cellule ; qu'au pis aller, il saura sacrifier les prétentions si peu motivées des Anglais aux intérêts si considérables de nos braves colons et invitera le gouvernement à *annexer immédiatement à la France les Nouvelles-Hébrides et les Salomon.*

Agréez, Monsieur le Sénateur et vénéré Collègue, l'assurance de mes sentiments distingués et respectueux.

Nous sommes bien persuadé que la transportation des récidivistes ne remplira pas le but que nos législateurs se proposent; en tout cas, nous la croyons moins effective que l'application sur place du régime cellulaire dans tout ce qu'il a de plus rigide. Quant à la transportation des condamnés aux travaux forcés, elle nous paraît indispensable, et le but des créateurs de la loi est assurément très sensé, très humanitaire, très digne d'être l'objectif du gouvernement républicain qui a tout intérêt à l'atteindre.

Il s'agit de rétablir le bagne tel que l'a voulu la loi du 30 mai 1884 sur la transportation :

1º La peine, c'est-à-dire l'exécution des grands travaux publics et des travaux les plus pénibles de la colonisation;

2° La colonisation pénale, c'est-à-dire l'établissement aux Colonies des condamnés qui, pendant la peine, auront donné des preuves non équivoques de leur repentir et de leur retour vers le bien.

1° LA PEINE

Après la peine capitale, le Juge qui prononce une condamnation aux travaux forcés est persuadé qu'il applique la plus haute pénalité de notre Code; il importe qu'il ne soit pas trompé.

Le condamné aux travaux forcés, « *le forçat,* » doit être conduit à la Guyane ou à la Nouvelle-Calédonie, selon la race à laquelle il appartient, et, là, immédiatement contraint à l'exécution des travaux utiles à la colonisation. Tout autre emploi du condamné, sous quelque prétexte que ce soit, nous paraît une violation de la loi, une tromperie envers la bonne foi du juge qui a appliqué cette loi, un attentat à la conscience publique qui demande l'exécution de la peine prononcée.

Les ports, les quais, les warfs, les calles de radoub, les ateliers de constructions, les canaux, les rues, les places publiques, les égouts, les trottoirs, les routes, les chemins, etc., tels sont les travaux que doivent exécuter les condamnés pendant la période d'expiation sans que rien puisse les en détourner, sinon la maladie seule.

Cette période d'expiation qui est aujourd'hui fixée

à un minimum de quatre années, ne doit-elle pas être proportionnée à la durée de la peine totale? Paraît-il juste qu'un condamné à quarante ans de travaux forcés, ou à perpétuité, puisse n'exécuter que quatre années de travaux pénibles, alors qu'un de ses collègues en subira tout autant avec condamnation de sept années seulement?

On nous objectera, nous le savons bien, que cette période de quatre années à laquelle nous faisons allusion n'est que le minimum imposé à l'Administration pénitentiaire par les règlements administratifs qui ont tout simplement voulu prévenir certains abus, mais que ces règlements n'ont pas entendu limiter à quatre années seulement la période de travaux publics à laquelle peuvent être soumis les condamnés; et cela est exact; mais il n'en reste pas moins exact aussi que l'Administration pénitentiaire, après ce minimum réglementaire, a la faculté de détourner pour une raison ou une autre les forçats des travaux publics, et c'est ce que nous jugeons déplorable à tous les points de vue. Voilà pourquoi aussi, nous disons que la période minimum des travaux publics les plus pénibles doit être fixée proportionnellement à la condamnation, en tenant compte de l'attitude du condamné pendant l'exécution de ces travaux.

Nous croyons, par exemple, qu'un condamné à mort, dont la peine aurait été commuée en travaux à perpétuité, doit à la société vingt ans au moins de travaux publics les plus pénibles, et vingt-cinq ans au moins si sa conduite au bagne laisse à désirer;

Qu'un condamné à perpétuité doit quinze ans au minimum des mêmes travaux et vingt ans au moins s'il se conduit mal;

Qu'un condamné à vingt ans doit au moins dix ans et quinze ans;

Qu'un condamné à quinze ans doit au moins huit ans et douze ans;

Qu'un condamné à dix ou à sept ans doit au moins quatre et six ans.

Telles sont les proportions qui nous paraissent équitables et tel serait le minimum que nous voudrions voir imposer aux administrateurs du bagne. Et les travaux étant strictement exécutés, les condamnés auraient quelque raison d'hésiter à se placer dans le cas de faire augmenter la période fixée pour les travaux pénibles.

Quant aux moyens de coërcition, pour obtenir le travail du condamné récalcitrant, nous n'en voyons pas d'autres, les peines corporelles étant abolies, que la cellule et la faim.

Nous pensons que la cellule bien appliquée suffirait, car le condamné qui s'y serait laissé prendre hésiterait à récidiver, surtout lorsqu'il saurait que la récidive entraînerait le jeûne forcé.

Mais nous ne parlons pas de la cellule telle qu'elle s'offre aujourd'hui aux condamnés en Nouvelle-Calédonie.

Lorsque nous réfléchissons que le surveillant militaire n'est plus muni des moyens qui, seuls autrefois, tenaient le forçat en respect: la corde et le bâton;

lorsque nous voyons les tribunaux militaires mettre en jugement le surveillant de forçats qui, pour sauver son existence, tire sur le misérable en révolte, nous nous disons qu'aucun des moyens tolérés par la civilisation ne sera trop sévère pour dompter la bête féroce qui tient à chaque instant dans ses griffes l'existence de l'un de nos honnêtes compatriotes, et nous demandons la construction de cellules telles que le séjour d'un mois dans l'une de ces tombes de pierre soit déjà pour le forçat insoumis un châtiment épouvantable.

Il ne s'agit plus, en face de la société en péril, de faire du sentiment, de parler humanité et commisération. Quand une société veut vivre, elle doit d'abord à ses citoyens la sécurité, elle ne doit pas hésiter à se débarrasser des monstres qui la ruinent et la dévorent... Les tuer froidement par la guillotine? Pourquoi! Pourquoi la société se salirait-elle du sang d'un meurtrier, alors qu'elle peut l'anéantir entre les quatre murs d'une cellule, tombeau anticipé (1)?

Donc, c'est d'abord par la cellule que nous forcerions le condamné à exécuter sa peine, et voici ce que nous entendons par ce mot cellule : un espace de deux mètres cinquante de large, de trois mètres de long, de quatre mètres de hauteur, entouré de murs épais en pierre, sur les six faces et percés de quatre trous, l'un pour l'entrée du coupable, le second pour l'introduction de

---

(1) On ne songe pas assez que, si la Métropole a le droit légitime de se débarrasser des misérables qui compromettent sa sécurité, elle ne saurait se prévaloir de ce droit pour les imposer à ses Colonies dans des conditions telles qu'ils doivent fatalement en entraîner la ruine complète.

la nourriture, l'autre pour l'air, le quatrième pour le reste.

Dans ce réduit un simple hamac de toile et une couverture de laine, rien autre.

La lumière n'y pénètre que par le trou étroit ménagé dans l'épaisseur du mur pour l'introduction de l'air extérieur.

La porte, de fer, ne s'ouvre que pour l'entrée et la sortie du condamné.

La nourriture, soupe au pain et à la graisse avec ration de biscuit, est introduite par un guichet double spécial qui ne permet pas au condamné d'apercevoir la main qui l'apporte.

Dans la cellule, aucun moyen de travail n'est laissé au condamné, aucune distraction d'aucun genre ne lui est possible, il est complètement abandonné à lui-même, face à face avec sa conscience.

La cellule est située de façon qu'aucun bruit extérieur, c'est-à-dire aucune distraction ne puisse interrompre la méditation sans fin du coupable.

Telle doit être, selon nous, la cellule destinée à la répression du forçat insoumis. Nous savons l'horreur qu'inspire au condamné l'affreuse solitude de la cellule et les natures les plus rebelles sont vite domptées par cet atroce supplice de l'inaction complète, supplice plus atroce cent fois encore que le travail incessant de la pompe imposé par les Anglais à leurs convicts qui voulaient éviter de se noyer, après avoir été placés dans une cuve continuellement envahie par un filet d'eau!

Toute injure, tout refus de service non motivé par

la maladie seraient immédiatement punis par un mois
de cellule, peine minimum. — Pour une faute de ce
genre, nos braves soldats sont bien atteints de peines
plus graves encore! — Pour la récidive, trois mois au
moins avec retranchement de la soupe une fois par
jour sur deux. Pour la troisième fois, un an et plus,
selon le cas. A toute voie de fait, le surveillant est en
droit de faire immédiatement usage de ses armes, mais
s'il épargne le condamné, celui-ci est puni de cinq ans
de cellule au moins.

Et, que l'on se rassure, ce régime tout épouvantable
qu'il paraisse, serait en réalité bien moins meurtrier
que celui dont on se sert actuellement à la Nouvelle-
Calédonie. Il a été constaté, en effet, que c'est surtout
depuis la période dite humanitaire, c'est-à-dire depuis
que la corde a été abolie, que la surveillance s'est vue
réduite à tuer le plus de forçats; et cela s'explique bien
naturellement.

Selon nous, le régime cellulaire, dans la colonie
pénitentiaire, ne saurait être assimilé en quoi que ce
soit à celui de la maison centrale en France. On comprendra facilement qu'il ne peut y avoir aucune raison
d'envoyer aux antipodes des forçats en maison centrale,
puisqu'on peut les y mettre facilement en France et à
beaucoup moins de frais. La cellule, telle que nous
l'avons décrite, c'est-à-dire celle dans laquelle le forçat
insoumis ne trouve même pas la distraction d'une
occupation quelconque, est absolument nécessaire pour
terrifier le misérable incorrigible par tout autre moyen,
et le contraindre au travail. Nous restons convaincu,

du reste, que celui qui en aurait subi un mois ou deux hésiterait à s'y faire enfermer à nouveau.

Mais nous ne doutons pas que, si l'on était assez mal inspiré pour reconnaître officiellement le régime des maisons centrales comme une pénalité supérieure à celle des travaux forcés, si l'on avait la faiblesse d'instituer une de ces maisons dans la colonie péni-tentiaire, on verrait immédiatement tous les forçats se mettre dans le cas d'y être admis par cette simple con-sidération qu'il y aurait encore avantage pour eux à feindre de travailler à l'ombre au lieu de feindre de travailler au soleil.

Ce procédé supprimerait absolument les travaux forcés, les travaux d'utilité publique; dans ces maisons, on ferait fabriquer des boîtes à conserves ou des chaussons de lisières à ceux que la loi a désignés pour faire les routes et les ports. Tandis qu'avec la cellule rigoureuse, telle que nous l'indiquons plus haut, on aura retrouvé sous des formes plus humaines, l'équi-valent de la corde, et les travaux forcés seront exécutés! Plus on sera sévère, moins on tuera de forçats, plus on fera de travail et de moralisation.

Nous avons eu pendant plus de six mois un campe-ment de quarante à cinquante forçats sur les confins d'une propriété située en pleine brousse, à quatre heures de marche du poste militaire le plus voisin. Ces hommes appartenant tous aux dernières classes, 3e, 4e et 5e, étaient logés dans une grande paillote ouverte aux quatre vents où ils passaient la nuit dans une liberté absolue.

Deux surveillants militaires avaient la garde de ce troupeau et couchaient, eux, dans une seconde paillote de même construction, à travers laquelle il suffisait de passer le bras pour saisir les objets situés à l'intérieur, si bien que les deux sous-officiers avaient le soin d'écarter leurs lits de fer des parois pour éviter d'être étranglés ou transpercés du dehors pendant leur sommeil. Le matin, l'un des surveillants quittait ce singulier poste avec tous les hommes valides pour aller reprendre les travaux où ils avaient été laissés la veille, et l'autre restait pour garder les fainéants qui, se prétendant malades, attendaient la visite hebdomadaire du médecin militaire.

Par cet exposé succinct, on peut se rendre compte de la situation faite à ces deux malheureux surveillants militaires campés, dans un isolement complet, au milieu des hommes les plus redoutables du bagne.

Sans leur énergie indomptable et *sans leur revolver*, que serait-il advenu? Cependant ils hésitaient toujours à se servir de leurs armes et cherchaient à dominer ces bêtes fauves par leur seule force morale. Une nuit, quatre de ces misérables prirent la fuite à travers la campagne; une heure plus tard, l'un des surveillants, nommé Savery, s'aperçoit qu'ils manquent à l'appel et s'élance immédiatement à leur poursuite. Seul, à cheval bien par hasard, il s'avance dans les ténèbres, au milieu d'un désert immense, accidenté, hérissé de bois et d'obstacles de tous genres et, à une heure du campement, il trouve les indices du passage de ses évadés. Il met pied à terre, traînant avec précaution son cheval

par la bride; bientôt il entend un murmure de voix...
ses forçats sont là qui discutent sur la direction à
prendre; soudain il intervient et somme ces quatre
bandits de le suivre.

Situation dangereuse, n'est-ce-pas, que celle du
surveillant Savery? Loin de tout secours, à deux heures
du matin, dans la brousse calédonienne, en présence
de quatre forçats évadés!

Le surveillant était là sur son champ de bataille à
lui; s'il eût été assailli il se serait évidemment servi de
son revolver... Eût-il été coupable? Il somma les forçats
de se rendre et de le suivre, ils refusèrent... Était-il en
droit d'user de son arme? Assurément; cependant,
malgré sa situation critique, une série de meurtres lui
répugna, il renouvela son injonction deux fois et,
comme il allait tirer à la troisième, les bandits se mirent
à marcher paisiblement devant lui. Il les ramena ainsi
au camp, à plus de six kilomètres de distance, leur mit
les fers et rentra tranquillement à sa paillote où son
compagnon ne s'était aperçu de rien!

On comprend facilement qu'à chaque instant d'une
existence de ce genre le surveillant militaire fasse usage
de ses armes; le revolver est tout ce que peut redouter
le condamné alors qu'en nombre il tient son surveillant
à sa disposition complète au milieu du désert, et si le
chef hésitait à tirer à un moment donné, il serait
perdu sans ressource.

Si, au contraire, l'insoumis avait à redouter une
peine effective, aussi terrible que la cellule rigoureuse,
le revolver parlerait moins souvent et l'école extra-

humanitaire y trouverait son compte. Aujourd'hui, isolé avec sa bande hargneuse, le surveillant est absolument impuissant en face d'hommes qui considèrent comme une chance la mise aux fers qui les oblige simplement à dormir sur le sol, et qui comptent toujours sur les rapports mensongers qu'ils ont le droit de faire à leur Directeur contre leurs surveillants et que ces derniers sont, avons-nous dit déjà, contraints de remettre eux-mêmes au Directeur... Il n'a donc absolument que son pistolet, que l'on n'a pas encore osé lui enlever..., et il s'en sert.

Le rappel d'une discipline sévère au bagne, en inspirant au condamné le respect de ses chefs directs, éviterait tant de meurtres aujourd'hui inévitables avec toutes les condescendances actuelles.

Aussi, non seulement il faut modifier les dispositions architecturales des pénitenciers et y établir des séries de cellules sérieuses, mais il est indispensable en même temps d'aggraver toutes les peines disciplinaires et de les appliquer sans pitié, avec la dernière rigueur, à tous les insoumis.

Un ancien commandant de pénitencier à la Nouvelle-Calédonie s'exprime ainsi sur ce grave sujet :

...Si l'on veut réellement travailler à la régénération de l'élément pénal il faut plus encore : l'aggravation des peines disciplinaires. Si l'on doit se montrer bienveillant envers ceux qui se repentent sincèrement, qui mènent une bonne conduite, qui cherchent dans le travail l'oubli de leur position, on doit être inexorable pour les autres.

Le décret du 18 juin 1880 ne saurait remédier aux lacunes

qui existent. Ainsi, pour ne citer qu'un exemple, un condamné refuse de travailler. Il est puni de prison de nuit. Cet homme peut narguer le surveillant sur le chantier, le prétoir n'a le droit que de lui infliger de la prison de nuit. En cas de récidive, il y a la cellule, mais cette pénalité est loin d'être efficace.

Ne serait-il pas plus simple de mettre au pain sec un transporté qui ne veut pas travailler ? Et cela jusqu'à ce qu'il retourne à son chantier !

Et encore, si le refus se prolongeait au delà de huit jours, toute nourriture devrait lui être retirée. Avec un pareil système les refus de travail diminueraient dans de grandes proportions.

Combien d'honnêtes ouvriers, de braves paysans meurent de misère en France, parce qu'ils ne trouvent pas à employer leurs bras ou leur intelligence ?

Un rapport officiel de M. de Mun, sous l'Empire, fixait cette funèbre statistique à 365, une victime par jour ! Et combien de morts manquent à cette martyrologie ? Ceux qui s'éteignent faute de soins, faute d'aliments, sans qu'on le sache, sont très nombreux, hélas ! Il y a des souffrances cachées que la statistique officielle ne découvrira jamais.

Si la société n'est pas encore assez bien organisée pour empêcher de pareils malheurs, elle ne doit pas porter ses préférences sur des êtres qu'elle a rejetés de son sein. Elle ne pêche que par ignorance. Elle serait bien étonnée cette société, en effet, si quelque écrivain ou quelque conférencier lui analysait la vie des pénitenciers prise sur le vif. Ce jour-là, les choses pourraient changer de face.

En attendant, les règlements en vigueur sont d'une inefficacité complète. Tout est à refondre si l'on veut regénérer.

On voit donc qu'il ne suffit pas d'une parole généreuse, d'une promesse éclatante pour atteindre le but désiré.

Non, cela demande des modifications radicales dans le régime pénitentiaire, des efforts soutenus, une grande expérience des hommes, de l'observation incessante, du jugement sain et l'appui d'un personnel éclairé, intelligent, rompu à toutes les roueries de l'élément pénal.

Impossible aujourd'hui de faire de la régénération. Ce mot, qui résume tant d'idées grandioses ou sublimes, est tourné en dérision, parce qu'il exprime actuellement, dans la situation du jour, l'inverse de ce qu'il contient.

Des forçats ayant assassiné, pillé, volé, violé à maintes reprises aspirent à la régénération.

Des condamnés voués à la double chaîne pour dix, quinze, vingt ans espèrent faire partie de la phalange des régénérés.

Des transportés affligés de cinquante, cent, cent cinquante années de travaux forcés ne désespèrent pas d'entrer dans la légion des régénérés.

Leur espérance est moins vaine qu'on ne le suppose. On voit des choses si extraordinaires qu'il ne faut plus douter de rien! C'est pénible à avouer, mais c'est la vérité.

La régénération n'est donc pas prise au sérieux. Elle ne peut l'être. Elle le sera quand on aura adopté des mesures réellement efficaces.

Dans les instructions ministérielles adressées au Gouverneur de la Nouvelle-Calédonie en date du 29 juin 1882 (notice 1882-83, page 354), le Département semble avoir compris la nécessité de l'application de la cellule et se rendre compte de son efficacité.

Pour la répression des infractions à la discipline, il pense que le décret du 18 juin 1880, critiqué plus haut par le commandant de pénitencier dont nous citons l'opinion, suffira; mais il reconnaît être désarmé à l'égard du transporté condamné, pendant le cours de peine, pour une infraction à la loi pénale..., et il ajoute:

M'inspirant de la loi du 25 décembre 1880, qui a puni d'une

manière spéciale les crimes commis dans l'intérieur des prisons, j'ai pensé que le régime cellulaire imposé dans la Colonie aux récidivistes aurait bientôt raison des condamnés les plus pervertis et les plus dangereux. En effet, l'expérience a démontré que les natures les plus rebelles ont une horreur profonde de l'isolement et de la solitude.

Mais le Ministre fait ici allusion au régime cellulaire anodin appliqué actuellement, et le commandant de pénitencier déjà cité est de notre avis en disant que cette pénalité, ainsi appliquée, est loin d'être efficace... Mais c'est déjà quelque chose que l'autorité supérieure veuille bien admettre le système cellulaire en principe ; il ne restera qu'à rendre son application effective.

Mais, hélas ! *toujours une sensiblerie mal placée vient entraver l'œuvre humanitaire par excellence : celle de la protection de l'honnête citoyen* contre les rebuts de la société ; la pitié ne s'adresse jamais à l'honnête homme, toujours au misérable qui s'ingénie à nuire à son pays. On oublie volontiers la sécurité générale pour assurer à ceux qui la compromettent un sort dont l'espoir leur enlève toute hésitation à faire le mal !

Dans le principe, tous les forçats sans distinction avaient été expédiés à la Guyane, vaste territoire où tous les genres de colonisation pouvaient être tentés... Mais bientôt les statistiques apprirent à la Métropole que certaines maladies décimaient les fauves qu'elle avait lancés dans les forêts du Maroni, et, de là, émotion profonde à la rue Royale, émotion suivie bientôt d'une décision déclarant la Nouvelle-Calédonie colonie pénitentiaire, puis envois successifs de tous les forçats de race blanche sur cette île lointaine.

— Il ne faut pas que ces gens-là disparaissent comme des colons ordinaires. Le séjour de la Guyane ne paraît être sain que pour nos administrateurs, nos soldats, nos commerçants, nos agriculteurs libres…, mais la vie précieuse des condamnés ne saurait être exposée, sans des inconvénients bien plus graves, aux risques des fièvres paludéennes et du vomito-négro qui viennent d'enlever en un mois les quatre enfants du gouverneur actuel et nombre d'officiers et de soldats français!… Mais les forçats, qui étaient désignés par la loi de 54, pour exécuter tous les travaux les plus pénibles de la colonisation, c'est-à-dire ces travaux qui sont destinés à enrayer toutes les épidémies paludéennes, en opérant les premiers défrichements, en purgeant le territoire de ces marais qui l'infectent, etc., en nivelant les rues des villes, en creusant des égouts, en perçant de routes les forêts qu'elles aèrent, en construisant des quais à la place des marécages, en formant des ports où sont actuellement des cloaques, etc. etc…, les forçats laissent ces travaux pour les hommes libres et vont assurer leur conservation éternelle sous le climat charmant d'une colonie dont ils gaspillent le territoire et dont ils chassent peu à peu, fatalement, pour la ruine et la honte de la Métropole, l'élément libre et honnête !

Voilà, cependant, et sans aucun parti pris, sans exagération quelconque, où nous ont conduits ces théories imprudentes de fonctionnaires et d'amateurs qui exploitent l'émotion facile du cœur français en face de toutes les souffrances, pour se faire un piédestal de leurs grands sentiments humanitaires… Et l'on semble ne pas s'apercevoir du creux de ces boursouflures et du danger imminent, du péril que ces théories intéressées et malsaines font courir à la Société !

Et l'on hésite déjà à expédier à Cayenne les incorrigibles qui empoisonnent les cours d'assises; la fièvre jaune, qui a moissonné la famille Le Cardinal et nos braves soldats, n'aurait qu'à faire une hécatombe de nos récidivistes! Ce ne serait qu'un cri de réprobation dans le Parlement tout entier: c'est la guillotine sèche, etc.; que les fonctionnaires et l'armée soient les victimes ordinaires, c'est bien naturel; ces gens-là sont faits pour obéir, et ces postes périlleux sont leurs postes d'honneur; c'est leur devoir d'être là où la mort les attend... Mais des forçats, mais des récidivistes pires encore que des forçats, les exposer de gaieté de cœur à de pareils dangers? Pourquoi et quelle nécessité? Mais ce serait plus que de l'arbitraire, de l'inhumanité et de la barbarie! — Oui, ce qui se passe aujourd'hui équivaut absolument à l'étrange raisonnement qui précède et nous n'hésitons pas à dire que notre Société est en péril du fait même de la protection outrée qu'elle accorde à ses pires ennemis, à tous ses malfaiteurs. Aujourd'hui, le drame qui se joue sur la scène française n'a plus pour dénouement la récompense de l'honnêteté et de la vertu, mais bien celle du crime, puisque le bagne offre en prime une propriété et des garanties d'existence à tous les grands coupables!

C'est là une erreur fatale à la société, erreur qu'il faut avoir le courage de reconnaître et de corriger par le retour immédiat à une pénalité telle que, sur la pente fatale, le futur criminel hésite et ne soit plus rassuré, encouragé, par la perspective d'une situation qu'il n'atteindrait jamais en restant honnête.

En demandant — avec preuves qu'elle est indispensable — la discipline, au bagne, nous marchons d'un pas ferme et assuré vers la régénération à laquelle aspire la loi de 1854, et nous prenons de la façon la plus sérieuse, la plus effective, le parti du condamné qui entretient en lui le sincère désir de revenir au bien.

Actuellement ce n'est pas toujours le forçat repentant et travailleur qui arrive à l'atténuation de sa peine et de ses misères; le système adopté laisse accès à l'arbitraire. Nous ne voulons accuser personne en citant certains exemples, mais il est hors de doute, il est même constaté que rien n'empêche aujourd'hui un administrateur quelconque, auprès duquel une main influente ferait pression, de placer, au bout de quatre années seulement d'un bagne mignon, le plus vil des scélérats dans une confortable situation. Et cet être prend évidemment la place d'un autre et d'un meilleur.

Si la peine prononcée par les tribunaux suit son cours, si les travaux forcés sont, à l'avenir, réellement exécutés, toute la vermine du bagne apparaîtra rapidement faisant tache sur le fond des hommes résignés et dont la résolution est bien arrêtée de payer leur dette à la société. Dès lors, plus d'erreur possible; à ceux-là les travaux les plus désagréables et les plus pénibles, à ceux-ci les faveurs proportionnées à leur situation et les bonnes notes conduisant à la remise des peines, à la concession de terres qui, dans aucun cas, ne pourra avoir lieu qu'à la libération ou à l'affranchissement du reste de la peine.

CHAPITRE X

Nous sentons ici combien a d'importance le choix des personnalités appelées à administrer le bagne, et combien la valeur de l'homme placé à la tête de la transportation aura d'influence sur la bonne marche de cette administration. Il est nécessaire aussi de redonner au surveillant militaire le prestige qu'on lui a fait perdre par des dispositions maladroites et par cette méthode d'excitation à la délation qui démoralise encore le forçat et lui permet d'ourdir en sécurité des machinations contre ses chefs, ainsi que le prouve le procès Bascans. L'affaire Monin et Borgey qui s'est déroulée devant le deuxième conseil de guerre de la Colonie montre à nu tout l'odieux de cette méthode.

L'Administration pénitentiaire n'hésite pas, sur la délation de forçats, à ordonner enquête sur enquête à l'égard même de fonctionnaires parfaitement corrects et qui jouissent d'une réputation sans tache ; le procès sus-nommé en est la preuve. Il résulte de ces faits que cette Administration assume une responsabilité terrible, car elle ravale ainsi la surveillance aux yeux des condamnés. Voici un extrait du *compte rendu* de cette affaire publié par le *Néo-Calédonien* du mardi 13 juin 1883 :

M. Monin est un garde-magasin principal de l'Administration pénitentiaire.

Un surveillant de première classe, M. Borgey, était par ricochet impliqué dans l'affaire Monin.

Tous les faits reposaient uniquement sur la délation d'un forçat, d'un criminel de la pire espèce, que ce premier avait fait arrêter dans son magasin en flagrant délit de vol et en état d'évasion.

Ce condamné, du nom de Mottet, avait été employé pendant plusieurs années en qualité de manœuvre dans le magasin géré par M. Monin et y avait certainement, soit seul, soit à l'aide de complices, commis de nombreux vols et caché un certain nombre d'objets. C'est en accusant M. Monin des déprédations consommées par lui et ses complices que ce forçat avait donné l'apparence de la vérité à ses délations calomnieuses. La légèreté, la précipitation de l'Administration pénitentiaire à ajouter foi aux dénonciations de ce forçat, et le peu de soin apporté à en contrôler la véracité ont créé, au début de cette affaire une confusion regrettable à la suite de laquelle des mesures rigoureuses et injustifiées furent prises.

L'erreur fut bien reconnue par la suite, mais le bruit et les exagérations qui s'étaient produits sur cet événement amenèrent à ce résultat qu'il fallait trouver Monin coupable sous peine de voir se déchaîner contre l'Administration pénitentaire un tollé général d'indignation.

Cette Administration n'a rien perdu, du reste, pour attendre, et le stigmate dont elle a été marquée par le jugement intervenu laissera des traces ineffaçables.

...Malgré sa bonne tenue, l'auditoire n'a pu, à certains moments de la plaidoirie de M. Vérignon, chef de bureau de la Direction de l'intérieur qui présentait la défense de M. Monin, contenir son indignation. Il n'y a eu aucun tapage, mais des murmures discrets marquèrent, suivant le cas, la réprobation de la foule pour les faits relevés à la charge de l'Administration pénitentiaire, et son approbation pour le langage ferme et élevé de la défense. L'acquittement à l'unanimité a été accueilli avec une véritable explosion de satisfaction et de joie.

Nous espérons que l'issue de ce procès mettra fin à jamais au crédit apporté aux dénonciations des hôtes de nos pénitenciers et aux nombreuses enquêtes qu'elles ont provoquées.

A la sortie de la salle d'audience, on émettait hautement l'avis qu'il n'était pas possible, après les faits dévoilés dans cette affaire, que le gouvernement pût dignement retarder plus longtemps l'épuration du personnel de l'Administration pénitentiaire.

Cependant les délations n'en sont pas moins encouragées par cette faculté reconnue au condamné de faire parvenir ses plaintes sous plis confiés aux soins de son surveillant lui-même; et les habitudes de délation paraissent ne point déplaire à l'Administration centrale qui répond au Gouverneur de la Nouvelle-Calédonie, en date du 30 juin 1882 (notice 1882-83, page 364) :

Par lettres des..., etc. etc., votre prédécesseur a soumis à mon approbation deux propositions qui lui ont paru de nature à restreindre le nombre des évasions parmi les transportés.

La première de ces propositions consisterait à rendre les condamnés solidaires les uns des autres, en faisant rembourser les frais de capture par tous les transportés présents sur les lieux où se produiront ces évasions.

Tout en reconnaissant que cette mesure pourra produire, dans certains cas, de bons effets, il m'a paru nécessaire de consulter M. le Garde des Sceaux sur sa légalité.

Le Ministre de la Justice pense que cette *mesure sera sans doute efficace, et que bien souvent la crainte de payer pour un autre amènera les transportés à faire des dénonciations.* Mais cette présomption de complicité sera rigoureuse pour les condamnés..., etc.

Selon nous, aucun sentiment bas du genre de celui dont il est ici question ne saurait être officiellement encouragé parmi les forçats chez lesquels, au contraire, il importe d'implanter le respect de soi-même; la délation est le procédé démoralisateur par excellence. Dans nos écoles et dans nos lycées, le maître intelligent et bien inspiré punit l'élève qui a quelque propension à faire des rapports sur ses camarades. Au bagne, ce défaut a des conséquences ignobles; l'exploiter dans l'intérêt du service est inadmissible.

C'est au directeur d'un pénitencier à prendre les mesures les plus convenables pour prévenir les mutineries et les évasions; c'est aux surveillants à appliquer à la lettre les prescriptions de ce directeur; c'est aux inspecteurs, par une activité incessante, à veiller à ce que ces prescriptions soient exactement et intelligemment exécutées... Jamais un chef quelconque ne doit recourir à un condamné ni le consulter pour savoir ce qui se passe, car cette démarche est toujours traitée de faiblesse par ce condamné qui peut s'en prévaloir ensuite et devenir exigeant.

Aucun rapport intime entre condamné et surveillant; le forçat est condamné aux travaux publics et non à la domesticité; il n'a pas été condamné à laver le linge du surveillant ou à lui faire sa cuisine ni à bercer ses enfants. La période des travaux publics doit s'effectuer d'une façon rigide; pendant cette période, le forçat n'est que l'esclave de la loi et rien ne saurait le soustraire aux obligations de la dette qu'il a contractée par son crime envers la société; voilà le principe que les administrateurs devraient avoir constamment inscrit sous leurs yeux en lettres majuscules.

Suppression immédiate et absolue de toutes ces fermes agricoles, de tous ces prétendus ateliers d'apprentissage, de toutes ces sinécures d'administrateurs inutiles, prétextes à places et refuges pour les protégés des bagnes! A bas toutes ces installations ruineuses, qui ont toujours fait l'étonnement des gens sensés qui habitent la colonie, et dont personne n'a jamais pu apprécier les résultats. Ce sont des retraites paisibles où se font admirablement servir des agents de culture ou de colonisation expédiés de France par des protecteurs qu'ils gênaient ou qu'ils obsédaient pour avoir une place. Ce que l'on fait là? Personne ne saurait s'en rendre un compte exact. Dans tous les cas, on y mange beaucoup d'argent :

Par lettre du 2 octobre 1883, n° 1437, le Gouverneur de la Nouvelle-Calédonie fait connaître au sous-secrétaire d'État que si le service local a accordé des concessions à cinq militaires libérés du service sur le territoire de Canala, c'est que le Département avait approuvé « *la suppression de la ferme pénitentiaire comme l'une des entreprises inutiles et ruineuses du budget sur ressources* ».

Ici, les auteurs se placent au point de vue budgétaire

seulement. Mais si ces exploitations sont une ruine, elles sont plus désastreuses encore au point de vue de la répression, car là, les condamnés, comme Tityre, passent leur vie couchés à l'ombre des bananiers, dans un calme absolu, loin des travaux forcés, effectuant à trente ou quarante la besogne d'un bon valet de ferme de France.

Un Gouverneur, déjà cité dans cet ouvrage et que nous n'avons pas hésité à blâmer sérieusement alors que, par une faiblesse sans précédent, il compromettait la discipline au bagne, a eu le mérite, et nous le reconnaissons avec empressement, de signaler le premier l'inutilité et le danger des fermes agricoles pénitentiaires. Il n'osa pas parler, évidemment, d'une suppression immédiate qui aurait soulevé contre lui toutes les influences pénitentiaires, autrement puissantes que la sienne, mais son langage ne laisse aucun doute sur ses intentions réelles. Il demande d'abord une heureuse modification.

Il s'exprime ainsi dans une lettre d'instructions au Directeur de l'Administration pénitentiaire en date du 28 novembre 1882 (notice 1882-83, page 403):

Les fermes agricoles se désintéresseront d'une manière absolue de toute culture usuelle et connue, et elles réserveront leur action pour les cultures nouvelles et incertaines où les particuliers ne peuvent s'engager sans courir le risque d'une perte totale (c'eût été déjà quelque chose). Il est assurément inutile et même nuisible de faire venir de France des agents spéciaux pour cultiver le maïs, des fayols ou même de la canne à sucre. Lorsque nous aurons des routes, l'initiative libre saura bien discerner, parmi les productions connues, celles qu'elle sera sûre d'écouler. Il *n'est pas bon*, en outre, que l'*État se fasse industriel et commerçant;* il y a là un engrenage qui le conduit fatalement à se munir de tous les organes qui conviennent à une maison de commerce, et il faut bien dire que, quel que soit le dévouement du fonctionnaire pour les deniers de l'État, il lui manque, dans une opération semblable, l'aiguillon du risque de la perte individuelle.

Enfin, les meilleurs condamnés sont ainsi drainés pour le compte de l'opération entreprise par l'Administration pénitentiaire; ce qui est *la négation même* du vœu de la loi sur la transportation, et rien n'est plus contraire à la base de la colonisation pénale que cette colonisation apparente.

Et plus bas, le Gouverneur ajoute :

Quelle que soit ma tendance, je ne trouve pas que la période d'expiation par le travail pénible ait été suffisamment observée dans tous les cas pour tous les condamnés.

Chose à remarquer, la bonne foi et la force de la vérité ont dicté cette dernière phrase à l'Administrateur qui, incontestablement, a réduit le plus possible cette période d'expiation en faveur de certains condamnés qui le méritaient le moins!

Enfin, le 20 février 1883, M. de Mahy, alors Ministre de la Marine par intérim, écrivait au Gouverneur de la Nouvelle-Calédonie les lignes suivantes:

Quant à la suppression des fermes pénitentiaires de l'île Nou et de Canala et aux nouvelles mesures prises pour restreindre la culture de la canne à Bourail, je ne puis que les approuver, puisqu'il paraît démontré aujourd'hui que les produits réalisés n'étaient pas en rapport avec les sacrifices exigés par cette culture.

Voilà qui est clair et qui est dit par un homme compétent; cependant, *encore aujourd'hui*, on détourne des travaux publics les meilleurs condamnés pour les utiliser au détriment du budget et de la colonisation dans des cultures insensées... et le Ministère prend des mesures et alloue des fonds pour la réparation de l'usine à sucre de Bourail, laquelle, établie sur un système défectueux, ne saurait constituer qu'un amas de mauvaise ferraille qu'il faut remplacer, du premier boulon au dernier tube, si l'on veut arriver par la méthode nouvelle de la diffusion à rendre la canne suffisamment productive pour supporter la concurrence de la betterave française; dépense minimum, avec les nouveaux appareils indispensables, cent cinquante mille francs. Mais, nous le répéterons, malgré les efforts d'un ministre, fût-il aussi autorisé que M. de Mahy, l'Administration pénitentiaire tiendra bon, résistera toutes les fois qu'on touchera au prestige de son domaine agricole, parce que c'est là le prétexte de son immense personnel, de ses énormes dépenses, de toute son omnipotence!

C'est en février 1883 que le Député de la Réunion écrivait les lignes sensées que nous venons de citer; mais, le 6 septembre de la même année, le nouveau ministre, l'amiral Peyron, revient à la marotte ordinaire et fatale de l'Administration pénitentiaire; il s'adresse au Gouverneur du moment qui voulait essayer, pour le futur concessionnaire du bagne, l'apprentissage chez les agriculteurs de la Colonie; il lui fait connaître (page 461, notice 1882-83) les motifs qui l'ont conduit, pour le moment du moins, à ne pas approuver l'arrêté local du 20 mars précédent, relatif aux contrats à intervenir pour l'engagement des condamnés chez les colons propriétaires de terrains.

L'un des motifs est principalement fondé sur la crainte que l'enseignement agricole du condamné pourra être le plus souvent négligé ou incomplet (?).

Et le Ministre rappelle également au Gouverneur que le décret du 18 juin, qui prévoit que les condamnés de la 2e classe seront employés aux travaux agricoles du service pénitentiaire, a voulu indiquer la nécessité de préparer les futurs concessionnaires par des études pratiques indispensables; puis il conclut au maintien et au perfectionnement des pénitenciers agricoles, bien persuadé — en apparence — que le forçat doit mieux apprendre la culture coloniale sous la direction d'*agents de culture* arrivant directement de Grignon ou de toute autre école de France, qu'auprès d'un planteur habitué aux pays tropicaux et connaissant par état la culture de la canne et du café!

Mais, ce qui paraît le moins le frapper, c'est le détournement de la main-d'œuvre pénale des travaux d'utilité publique, c'est la non-exécution des travaux forcés; il ne tient aucun compte de l'expérience, des résultats obtenus, de l'attitude des condamnés arrivés à la libération, et qui, malgré toutes les fermes modèles et les pénitenciers agricoles, et tous les talents des agents de culture, restent les plus ignorants et les plus fainéants agriculteurs du monde, finissant rapidement par aller se coucher dans les refuges administratifs, aux crochets de l'État !

Ce qui pourra paraître bizarre, c'est que l'amiral Peyron, qui recommande, le 6 septembre, le maintien d'une partie des condamnés aux travaux agricoles du service pénitentiaire, travaux dont les prétendus rendements sont encaissés par le budget sur ressources spéciales, disait au Gouverneur, le 28 août 1883, c'est-à-dire neuf jours avant :

Il ne faut pas oublier que la peine des travaux forcés ne doit pas perdre de son caractère. Je tiens à réagir contre la tendance, qui s'est manifestée depuis quelques années, à traiter les condamnés en oubliant presque les crimes commis par eux et les châtiments qu'ils ont encourus... Vous ne devez pas oublier que les transportés doivent être précisément employés aux travaux pénibles de la colonisation. (Notice 1882-83, page 458).

Étranges contradictions, ou ignorance absolue de ce que sont les travaux des pénitenciers agricoles ; car il n'est pas possible qu'avec la connaissance exacte de ce que valent les pénitenciers agricoles, le Ministre puisse insister pour la continuation d'un pareil système tout en rappelant qu'on oublie trop la véritable destination du transporté.

La seule chose bonne qui pût être faite ne l'a pas été ; on a oublié de créer en Nouvelle-Calédonie, comme on a à peu près, du reste, oublié tous les travaux utiles, de créer, disons-nous, un jardin public avec pépinière où les colons auraient trouvé les plants, les graines et les enseignements pratiques qui peuvent leur manquer.

Il n'existe rien de ce genre..., les condamnés alignent du maïs et des haricots... ou de la canne qui coûte des prix fabuleux et souvent reste inutilisée!

Nous voudrions rencontrer un Ministre assez bien inspiré et assez énergique pour mettre fin, par un ordre indéclinable, à toute cette mystification agricole qui n'est, en fin de compte, sous des apparences d'économie humanitaire, qu'un gaspillage de force et d'argent; — un Ministre qui, la loi de mai 1854 à la main, veillerait à ce qu'un condamné aux travaux forcés exécutât les travaux forcés et ne pût en être détourné sous aucun prétexte avant libération ou remise de sa peine!

Car ce n'est qu'après l'expiation, l'acquittement de la dette contractée envers la société, expiation et acquittement qui ne peuvent être suffisants qu'après un labeur dont la durée aura été proportionnée à la grandeur du crime et aura permis de constater suffisamment le repentir et le retour aux sentiments du bien, que la société, émue de pitié pour ce malheureux qui a tant souffert pour payer sa faute, a le droit et le devoir de pardonner et d'offrir au régénéré les moyens sérieux de se refaire une existence honorable; et c'est alors, mais alors seulement, selon nous, que commence l'œuvre de la colonisation pénale.

CHAPITRE XI

2° — LA COLONISATION PÉNALE

Les travaux forcés étant exécutés dans les condition qui précèdent, c'est-à-dire satisfaction étant donnée à la loi, nous comprenons alors une tentative raisonnée de colonisation pénale, à l'aide dés libérés et des condamnés pour lesquels la remise du reste de la peine aurait été motivée par des actes de dévouement ou par une conduite exceptionnelle pendant la période des travaux pénibles.

C'est alors qu'aura lieu la réunion de la famille au condamné, la cession d'une quantité de terre à culture suffisante à un ménage, ou la remise des moyens nécessaires pour l'établissement d'un atelier, l'exploitation d'un état, etc.

Il n'est pas admissible que tout condamné, quelle que soit son aptitude, puisse être uniquement tourné vers le travail de la terre; il nous paraît rationnel que le laboureur retourne à la charrue, le forgeron à la forge et le charron au travail du bois, etc.; aussi, lorsque la moralisation de l'individu paraît assez complète pour le livrer de nouveau à lui-même, il nous semble qu'il serait sage de lui donner la faculté de rentrer dans la vie ordinaire avec les conditions d'existence appropriées à ses capacités et à ses connaissances spéciales. La terre serait attribuée à celui qui pourrait en tirer parti et l'équivalence en espèces ou en outillage serait la part de l'ouvrier d'état, ou de l'ouvrier d'art, ou de l'homme que des études spéciales rendraient propre aux professions d'un ordre plus élevé.

Pour tous, nous voudrions liberté absolue dans la colonie qui leur serait assignée. Plus de surveillance de la haute police, cette iniquité qui force l'homme le plus repentant à redevenir mauvais et coupable, puisqu'elle lui marque la face d'un signe indélébile qui le désigne à perpétuité à la réprobation de tous (1)! Plus de cantonnements, plus de permis de circulation, plus d'entraves quelconques à une liberté qui a été retrouvée après la longue épreuve d'un châtiment sévère.

Nous insérons ici un arrêté du Gouverneur de la Nouvelle-Calédonie qui nous paraît remplacer la surveillance de la haute police par des mesures au moins tout aussi entravantes.

---

(1) La surveillance de la haute police a été abolie de nom, mais on peut s'assurer, par l'arrêté que nous insérons ci-dessous, qu'elle ne l'a pas été de fait. Le libéré reste absolument l'esclave de pareilles mesures!

ARRÊTÉ

Portant règlement d'administration pour l'exécution de l'article 19 de la loi du 27 mai 1885, substituant l'interdiction de séjour à la peine de la surveillance de la haute police supprimée.

(Du 18 décembre 1885.)

Nous, Gouverneur de la Nouvelle-Calédonie et dépendances,

Vu la loi du 27 mai 1885 sur la relégation des récidivistes, et notamment l'article 19 supprimant la surveillance de la haute police et la remplaçant par la défense faite au condamné de paraître dans les lieux dont l'interdiction lui sera signifiée;

Vu notre arrêté en date du 17 novembre courant portant promulgation de la loi susvisée ;

Vu les décrets des 30 août et 18 novembre 1875 sur le mode d'exercice de la surveillance de la haute police dans la Métropole et dans les Colonies, dans celles de leurs dispositions applicables à l'interdiction de séjour établie par la loi du 27 mai 1885;

Vu le décret organique du 12 décembre 1874 sur le gouvernement de la Nouvelle-Calédonie;

Sur la proposition concertée du Directeur de l'Intérieur et du Directeur de l'Administration pénitentiaire,

Le Conseil privé entendu,

Avons arrêté et arrêtons :

TITRE Iᵉʳ

Des interdictions de séjour.

Art. Iᵉʳ. L'interdiction de séjour, édictée par l'article 19 de la loi du 27 mai 1885, en remplacement de la surveillance de la haute police supprimée, est générale ou particulière.

Art. 2. L'interdiction générale s'applique pour le moment dans la colonie :

1° A la ville et à la commune de Nouméa, telle qu'elle est délimitée par l'article 1er du décret du 8 mars 1879 ;

2° Au territoire de la presqu'île Ducos ;

3° A l'île des Pins ;

4° Au groupe des Loyalty et des îles Huon.

Art. 3. Le séjour et l'accès de toute autre localité pourront en outre être interdits par mesure de précautions individuelle.

Art. 4. Les interdictions particulières seront prononcées par décisions du Gouverneur, rendues suivant le cas, sur la proposition du Directeur de l'Intérieur ou du Directeur de l'Administration pénitentiaire.

Art. 5. Les interdictions générales ou particulières, pour tout condamné en cours de peine à la date de ce jour, lui seront signifiées individuellement au moment de sa libération.

Art. 6. En ce qui concerne les condamnés précédemment placés sous la surveillance de la haute police actuellement libérés :

1° La signification des interdictions générales sera réputée faite à leur égard par la publication du présent arrêté au *Moniteur officiel* de la Colonie et l'affichage de cet acte dans les localités interdites ;

2° La signification des interdictions particulières spéciales à chacun d'eux résultera d'une décision du Gouverneur, rendue sur la proposition du Directeur de l'Intérieur ou, s'il s'agit du territoire pénitentiaire tel qu'il est constitué par l'article 1er du décret du 16 août 1884, sur la proposition du Directeur de l'Administration pénitentiaire et notifiée à l'individu qu'elles concernent par les soins du chef d'Administration compétent.

Art. 7. Les significations individuelles seront constatées par un procès-verbal dressé, suivant le cas, par le commandant de pénitencier, le chef de camp, le gardien-chef de la prison, le chef d'arrondissement, le commissaire ou chef de poste de la police, ou le commandant de brigade de gendarmerie, et signé par l'intéressé, sauf impossibilité ou refus.

Art. 8. Les significations prévues par l'article 6 auront pour effet l'annulation de toutes les autorisations, provisoires ou définitives, précédemment accordées à l'effet de résider dans les localités interdites.

Toutefois, les individus précédemment autorisés à résider dans ces localités auront un délai de deux mois, à partir de la promulgation du présent arrêté, pour se pourvoir d'autorisations spéciales délivrées dans les conditions déterminées par les articles 9 et 10 ci-après.

TITRE II

Des autorisations de séjour momentané dans les localités interdites

Art. 9. Le Directeur de l'Intérieur pourra accorder aux libérés l'autorisation de séjourner momentanément dans une localité interdite.

L'autorisation sera valable pour six mois au plus, avant le terme desquels elle pourra toujours être révoquée.

Elle pourra être l'objet de prorogations successives pour une nouvelle période de six mois.

Art. 10. L'autorisation de séjour momentané dans une localité interdite qui appartiendra au territoire pénitentiaire sera accordée, révoquée ou prorogée par le Directeur de l'Administration pénitentiaire.

Art. 11. La révocation de l'autorisation de séjour momentané dans une localité interdite sera notifiée au libéré dans la forme réglée par l'article 7.

Art. 12. La notification de révocation et la péremption de l'autorisation auront pour effet de replacer le libéré sous l'application de l'article 19 de la loi du 27 mai 1885 et de l'article 45 du Code pénal.

TITRE III

De la suspension de l'interdiction de séjour.

Art. 13. L'interdiction de séjour pourra être suspendue par le Gouverneur, sur la proposition du Directeur de l'Intérieur, après un temps d'épreuve qui ne devra jamais être inférieur à la moitié de la durée totale de cette interdiction.

Art. 14. La suspension de l'interdiction pourra toujours être rapportée par une décision ultérieure du Gouverneur qui sera notifiée au libéré dans la forme réglée par l'article 7.

Art. 15. La notification du retrait de la suspension de l'interdiction de séjour aura pour effet de replacer le libéré sous l'application de l'article 19 de la loi du 27 mai 1885 et de l'article 45 du Code pénal.

TITRE IV

De la libération des condamnés soumis à l'interdiction de séjour.

Art. 16. Il sera fait mention à la matricule ou au registre d'écrou des décisons portant interdiction générale ou particulière des localités où il est défendu au condamné de paraître.

Art. 17. Il sera également fait mention à la matricule :

1° Des autorisations de séjour momentané dans une localité interdite, révocations ou prorogations de ces autorisations ;

2° De la suspension de l'interdiction et du retrait de cette suspension.

Art. 18. Tout condamné libéré recevra désormais, à l'exclusion de tout autre document, un carnet signalétique, à l'aide duqeul il lui sera permis, en justifiant de son identité, de se mouvoir dans la colonie en dehors des localités interdites.

Art. 19. Le carnet relatera les nom, prénoms, numéro matricule, date et lieu de naissance et signalement du titulaire, et, s'il y a lieu, la durée de l'interdiction de séjour dont il est frappé, ainsi que la désignation des localités interdites.

TITRE V

Disposition exécutoire

Art. 20. Le Directeur de l'Intérieur et le Directeur de l'Administration pénitentiaire sont chargés, chacun en ce qui le concerne, de l'exécuttion du présent arrêté, qui sera communiqué et enregistré partout où besoin sera, et inséré au *Moniteur* et au *Bulletin* officiels de la Colonie et au *Bulletin de la Transportation*.

Nouméa, le 18 décembre 1885.

A. LE BOUCHER.

Par le Gouverneur :

Le Directeur de l'Intérieur,   *Le Directeur de l'Administration pénitentiaire p. i.,*

T. LACASCADE.   CAHEN.

Nous croyons absolument que toute régénération définitive et surtout toute réhabilitation est impossible avec le régime actuel imposé à la libération. Nous comprenons la nécessité de diviser les libérés en deux catégories : les bons et les mauvais. La vie au bagne doit être réglée de telle sorte, les dossiers de chaque individu si bien établis, qu'au jour de la libération ces deux catégories puissent être parfaitement désignées sans hésitation aucune. Les premiers doivent être traités comme nous venons de l'exposer plus haut ; quant aux autres, *la sécurité publique plus intéressante mille fois que la destinée d'êtres dangereux* et méprisables, exige à leur égard des mesures particulières et tout au moins l'application stricte de la loi sur le vagabondage qui atteint tout Français ne pouvant justifier de moyens d'existence avouables.

Cependant, comme la résidence sur un territoire désigné est prescrite par la loi, et qu'il peut arriver qu'en réalité le travail fasse défaut à un moment donné sur ce territoire, nous considérons comme une obligation pour l'État de reléguer la mauvaise libération sur des terres spéciales, de bonne qualité, où elle pourrait vivre en travaillant le sol, mais où elle serait, dans tous les cas, obligée de travailler pour vivre, absolument comme le fait sans déroger la grande masse des honnêtes gens. Nous avons déjà cité les Nouvelles-Hébrides comme lieu tout indiqué pour cet usage. Quant à ceux qui persisteraient à ne rien faire, l'État leur refusant tout subside en dehors d'une certaine période d'installation, ils seraient réduits à mourir de faim sur la terre même qui les aurait nourris s'ils avaient eu le courage de la cultiver, c'est-à-dire en reconnaissant qu'ils succombent exclusivement par leur faute... Or, qu'on en soit bien persuadé, lorsque le fainéant endurci en arriverait au moment psychologique où il n'aurait plus d'illusions à se faire sur la nécessité absolue de se servir de ses bras ou de mourir de faim, il se déciderait très certainement à demander à la terre fertile de ces contrées une existence toujours assurée et toujours facile.

Ce qui fait surtout aujourd'hui que presque aucun libéré n'arrive à la réhabilitation, ni même à se faire une situation qui lui permette de vivre avec ses propres ressources, ce sont les mille entraves réglementaires qui, sous prétexte de sécurité publique, maintiennent à perpétuité à l'égard de ce malheureux l'état de défiance et de répulsion où il se trouvait fatalement sous la la livrée même du bagne. Obligé par ces réglements funestes à exhiber partout, à toute occasion, la preuve de son identité, le plus honnête se rebute, se dégoûte, perd tout reste d'énergie et revient au mal ou va se coucher dans les refuges qu'on lui ménage parce qu'on semble prévoir qu'il ne pourra pas mieux faire que de venir s'y échouer.

Le condamné doit expier son forfait d'une façon sévère..., mais il nous semble qu'il y aurait toute justice, sa peine terminée ou remise, à lui rendre, en dehors de la métropole où a eu lieu sa chute, liberté tout entière, et protection s'il le demande. Il nous semble même que le libéré de conduite régulière, contre lequel la Colonie n'aurait aucun grief après un certain nombre d'années de résidence, devrait être réhabilité complétement et reprendre l'exercice de ses droits civils.

C'est là une des questions les plus intéressantes à étudier immédiatement et à résoudre de la façon la plus pratique, mais assurément dans le sens que nous indiquons.

Quoi qu'il en soit, personne ne saurait nier que la méthode actuelle n'ait donné que de pitoyables résultats; que les libérés s'accumulent en Calédonie sans produire quoi que ce soit pour le pays dont leur inaction menace la sécurité; que tous les ans cinq ou six cents nouveaux libérés viennent grossir le noyau de trois à quatre mille existant déjà; que, dans quelques années, ce groupe sera devenu une armée que l'État devra entretenir et nourrir sous peine de voir la Colonie devenir la proie de tant de vagabonds... Et, là encore, remarquons-le en passant, par le fait de notre ridicule façon d'administrer, nous arrivons à nous laisser acculer à une impasse fatale ; nous nous laissons réduire à l'obligation d'héberger et d'entretenir, même de faire servir par les forçats en cours de peine, les hommes les moins dignes de notre pitié, alors que la loi française taxe de vagabondage l'état de l'honnête citoyen sans travail et l'oblige, au prix de la prison, à témoigner de moyens sérieux d'existence ! A la Colonie, ce n'est plus la prison qui s'impose, c'est la mise en obligation de travailler si l'on veut exister !

L'Administration pénitentiaire semble avoir concentré toute son affectueuse sollicitude sur les forçats en cours de peine qu'elle a complétement sous sa dépendance ; elle ne fait absolument rien pour les libérés ; il y a mieux, par le fait de la bizarrerie des règlements, partie des libérés restent ses administrés, les autres dépendent de l'Administration de l'Intérieur.

Nous pensons bien faire en donnant ici l'article d'un journal de Nouméa qui dépeint parfaitement la situation du libéré à la Nouvelle-Calédonie. Nous devons dire toutefois que les conclusions du journaliste ne sont pas absolument les nôtres, pour une partie du moins. Voici cet article :

La libération, comme nous l'avons dit, est la partie essentielle de la transportation ; c'est le nœud du problème. — Le libéré, dans l'ordre de choses établi par la loi du 30 mai 1854, est le facteur le plus important; c'est l'élément colonisateur par excellence. Cela paraîtra peut-être singulier à ceux qui ont pu apprécier, dans le pays, les singulières aptitudes des libérés pour la colonisation; mais le fait n'en est pas moins incontestable, et nous croyons l'avoir suffisamment démontré. Le transporté en cours de peine ne doit pas coloniser, au vrai sens du mot, et ce n'est que par un oubli complet des intentions du législateur, qu'il a pu être élevé au rang de colon. — Le vrai colon, d'après la loi, c'est le libéré. Il est curieux de voir comment la libération a répondu à ce vœu du législateur.

Il est clair d'abord que cet élément, en raison même de l'importance qui lui était donnée, aurait dû être, dès le principe, l'objet de mesures sérieuses, organisées en vue du résultat qu'on attendait de lui. Or, cette organisation a rencontré, dans la pratique, des obstacles si infranchissables qu'on n'est jamais arrivé, sous ce rapport, qu'à des expédients. On a eu beau légiférer sur la matière et défaire aujourd'hui par un arrêté ce qui avait été établi la veille, on est encore à chercher la solution qui fera du libéré un véritable colon. Ce qui prouve bien qu'en réalité la transportation n'est qu'une souveraine utopie.

Ainsi, dans le début, le libéré devait être un *colon d'autant plus utile qu'il aurait mieux expié sa peine* (*Rapport sur la loi du 30 mai 1854.*) Quelques années plus tard, ce colon d'un nouveau genre, cet élément colonisateur qui devait produire tant de merveilles, commençait à devenir si embarrassant que le gouvernement local prenait des dispositions pour empêcher le vagabondage dans le pays, et que l'on cherchait déjà les moyens d'imposer les libérés comme travailleurs aux colons libres. (Arrêtés des 2 juillet 1880 et 26 juillet 1881.) Enfin, depuis quelque temps on est réduit aux grands moyens : on nous les impose carrément comme travailleurs et *pour leur faire de la place on nous supprime les terres.*

Si maintenant nous examinons la situation du libéré en elle-même, nous verrons qu'il n'y a pas de confusion plus grande. Ainsi, les uns sont soumis à la surveillance de la haute police, les autres en sont dispensés. Les uns dépendent de la justice ordinaire, les autres de la justice militaire. Ils sont *transportés*, considérés comme étant en cours de peine, ils constituent l'élément pénal, et cependant ils ont le bureau de la libération au service local, ils relèvent de la Direction de l'Intérieur, au même titre que les colons libres. Il y a mieux : ils sont à la fois soumis à la Direction de l'Intérieur et à l'Administration pénitentiaire. Ainsi, un concessionnaire vient-il à être libéré, il continue à relever de l'Administration pénitentiaire ; tandis que le libéré qui n'était pas concessionnaire avant l'expiration de sa peine, n'est plus rien pour cette Administration ; on le remet au service local en lui disant : Débrouillez-vous !

De même encore, un libéré, concessionnaire à Bourail, s'adresse à la Direction de l'Intérieur pour avoir des terres, des mines, etc., de sorte que l'élément pénal fait concurrence à la colonisation libre de deux manières : par les concessions qu'on donne aux condamnés, par les terres du domaine local, dont l'acquisition est accessible aux libérés. La situation ne serait plus tenable, l'élément libre serait anéanti depuis longtemps, si les libérés avaient réellement possédé la puissance colonisatrice qu'on leur attribuait.

Mais les faits nous ont démontré depuis longtemps quel cas il y avait à faire de ces concurrents. L'Administration pénitentiaire en a été si vite fatiguée ; elle a si bien reconnu l'impossibilité d'en tirer parti qu'elle s'est empressée de les laisser au service local. S'il lui est arrivé par hasard de donner des concessions à des libérés, on peut affirmer que ce sont de bien rares exceptions ; elle préfère les condamnés en cours de peine, qui sont naturellement plus dociles, et qui ne demandent qu'à aller en concession pour échapper aux travaux forcés. Il est juste de dire aussi que la plupart des libérés ne veulent pas prendre de terres et que beaucoup de concessionnaires, leur peine terminée, n'ont rien de plus pressé que d'abandonner leur installation pour mener une vie plus aventureuse.

Le service local, de son côté, ne tient pas davantage à cette catégorie d'administrés. Il sait que son point d'appui est dans la colonisation libre, et que les libérés au contraire lui serviront toujours d'attache avec l'Administration pénitentiaire, par laquelle il craint de se laisser absorber.

Il n'est pas étonnant que, dans ces conditions, la législation sur les libérés soit encore à l'état d'enfance. Quand un individu a terminé sa peine, on lui dit d'aller chercher du travail, on le lâche dans un pays qui n'a encore ni industrie, ni commerce, ni agriculture, et la police ferme les yeux sur lui.

Voici alors ce qui se passe : Un petit nombre de libérés se remet courageusement au travail. Ceux-là mènent généralement une bonne conduite et la population libre, loin de leur être hostile, les accueille volontiers. On en a la preuve tous les jours à Nouméa ; on emploie ici des libérés dans tous les ateliers, dans beaucoup de bureaux et de magasins, et jamais il n'arrive à personne de leur reprocher leur situation.

Mais ceux-là encore ne sont pas aussi nombreux qu'on le croit. On compte actuellement dans la colonie 2.277 libérés de la première section seulement (le chiffre de la deuxième section n'a pas pu nous être communiqué). Ces libérés se répartissent ainsi : à Nouméa 448, île Nou 11, île des Pins 73, presqu'île Ducos 223, intérieur 1,522.

Sur ce nombre on peut établir qu'il y en a la moitié au moins qui exercent, soit à Nouméa, soit dans l'intérieur, des métiers purement problématiques ; on se demande comment ils vivent, ou plutôt on ne le sait que trop. L'Administration elle-même est si impuissante devant cette situation qu'elle est réduite à ne plus y faire attention.

Eh bien ! cette tolérance avec laquelle on les laisse circuler dans la Colonie, ne suffit pas à beaucoup de libérés. Pour vivre ainsi, avec des moyens d'existence plus ou moins commodes, il faut encore se donner une certaine peine relative, il faut chercher les occasions, et il y en a qui trouvent plus simple de se faire nourrir indéfiniment par l'État. C'est pour ceux-là qu'on a établi le dépôt de la presqu'île Ducos. Il faut voir ce que c'est : on n'a pas idée d'une pareille immoralité ; c'est le remou dans lequel vient s'entasser toute l'écume du bagne.

Lorsqu'un libéré est fatigué de traîner dans la Colonie, il se retire dans cet asile champêtre et solitaire. Là, il est soi-disant en instance d'engagement : il se repose, il se fait héberger par l'Administration. Offrez-lui du travail, il n'en veut pas, il s'en garderait bien. Il y en a ainsi deux cents qui reçoivent de l'Administration leur pitance quotidienne, et si l'on faisait entrer à ce dépôt tous les vagabonds du pays, le nombre en serait triplé.

Et ces individus qui ne travaillent jamais, trouvent cependant le moyen d'avoir toujours de la boisson. La nuit, ce sont des orgies qui retentissent au loin ; les surveillants ne pénètrent jamais dans le camp sans précautions sérieuses. Si un nouveau camarade arrive avec de l'argent, on l'enivre, on le dépouille. De temps à autre, on découvre un cadavre sur le bord du chemin, c'est ainsi que se règlent les comptes.

C'est là que s'épanouit dans toute sa beauté la fleur de la colonisation pénale. Voilà le résidu des rêves humanitaires poursuivant la régénération des criminels par le travail. Et maintenant qu'on est entré dans cette voie, on n'en sortira pas. Ce camp de la presqu'île Ducos est la plaie de la colonisation. Et le Gouvernement, qui ne sait plus comment se tirer de ce gâchis, en est réduit à tout rejeter sur les colons libres. C'est en effet pour ces individus qu'on a supprimé l'immigration ; c'est pour eux qu'on nous enlève nos terres, et il n'y a pas bien longtemps qu'il avait été question d'envoyer ces deux cents gredins à Nouméa, en même temps, pour chercher du travail ! La ville en aurait été inondée.

La conclusion à tirer de ces faits, c'est qu'il faudrait nous débarrasser à tout prix de la libération ; l'expérience est faite on ne colonise pas avec un pareil élément. Malheureusement ici encore nous nous trouvons devant une volonté supérieure avec laquelle il nous faut entrer en composition. Il y a des faits dont il faut tenir compte, et si nous demandions la suppression pure et simple de la libération, nous ne serions pas écoutés. Le plus sage, dans ces sortes d'affaires, est de chercher des combinaisons qui puissent être exécutées sans trop brusquer l'ordre de choses existant.

Voici ce que nous proposerions. Il nous semble d'abord que la loi du 30 mai 1854, en ce qui concerne les libérés autorisés à rentrer en France, pourrait être moins rigoureuse. En principe, lorsqu'un individu a fini sa peine, il est libre et la société n'a plus rien à lui imposer, à moins qu'il ne soit reconnu encore comme dangereux. Combien y en a-t-il de ces malheureux qu'on a condamnés à un exil perpétuel, et qui pourtant n'avaient péché que dans un moment d'égarement ! Étant donnée la difficulté que la plupart des libérés éprouvent à trouver du travail dans la Colonie, on pourrait peut-être sans inconvénient en autoriser un plus grand nombre à rentrer en France. Il suffirait, comme garanties, d'examiner leurs antécédents, leur conduite au bagne, voire même leurs ressources personnelles ou celles qu'ils trouveraient dans leur famille. Cette perspective serait un stimulant énergique pour les engager à se bien conduire. Mais nous présentons cette idée à un point de vue purement théorique. Ce n'est pas au moment où se traite la question des récidivistes, où l'on parle de développer plus que jamais la transportation lointaine des criminels, ce n'est pas à ce moment qu'on pourrait faire apporter une semblable modification à la loi de 1854.

Il faut donc prendre la libération telle qu'elle est aujourd'hui. Il n'y a, dans ces conditions, qu'une solution à adopter :

C'est que tout individu qui, à l'époque de sa libération, ne pourra pas justifier de moyens d'existence, soit mis en demeure de trouver du travail dans un délai déterminé. Et si, à l'époque prescrite, cet individu n'est pas employé dans des conditions sûres et convenables, il ne peut pas rester ici, il ne faut pas qu'il y reste! Ce dépôt de la presqu'île Ducos est une immoralité que l'on devrait supprimer immédiatement, et si l'on n'y prend garde, c'est un mal qui est en train de s'infiltrer dans toute la colonie. Le jour où le nombre de ces libérés sera devenu trop grand, l'Administration débordée le laissera tout envahir; elle le fait déjà. Qu'on transporte ces individus ailleurs, aussi loin qu'on voudra, mais qu'on les place surtout dans un endroit réservé spécialement à la colonisation pénitentiaire; ici la colonisation libre sera sauvée.

Nous disons donc, pour nous résumer:

1° Que la transportation, pour ce qui concerne les individus en cours de peine, n'offre pas de grands inconvénients; qu'elle est même utile à l'œuvre de la colonisation; qu'on doit par conséquent la maintenir.

Mais en même temps, nous demandons que l'on ne donne plus à ces individus des concessions qui doivent être réservées aux libérés.

Quant à ceux-ci, s'il n'est pas possible pour le moment d'en autoriser un plus grand nombre à rentrer en France, il est également impossible de les laisser sans travail dans la Colonie.

Tous ceux qui ne justifieront pas de moyens d'existence sérieux doivent être relégués dans une autre contrée, spécialement affectée à la transportation et où l'État, débarrassé des inconvénients de la colonisation mixte, fera d'eux ce qu'il voudra.

Reportons-nous maintenant au programme du Gouverneur. Il nous semble que dans les conditions que nous venons d'exposer ce programme deviendrait d'une réalisation assez facile. On aurait ainsi plus de travailleurs pour les routes et moins de concessions à donner. La colonisation libre, mieux partagée, aurait plus de terres à sa disposition; on verrait alors se rétablir l'immigration libre qui nous fait défaut et, l'élément pénal étant considérablement réduit par le départ d'un grand nombre de libérés, cette fusion que l'on poursuit inutilement aujourd'hui se ferait toute seule. Nous ne voulons pas dire que cette solution soit parfaite, et il est certain que la Commission, qui comptait dans son sein tant de membres éclairés, aurait pu en trouver une bien meilleure, si elle était partie d'un point de départ analogue. Il est malheureux qu'elle ne l'ait pas fait.

Il y a évidemment d'excellentes choses dans cet article ; mais nous n'admettons pas, par exemple, le retour en plus grande quantité des libérés en France. Si nous trouvons un immense avantage à laisser en liberté complète, sur le territoire colonial qui lui est assigné, le condamné qui aura convenablement expié son crime, il nous paraît toujours dangereux d'exposer cet homme aux tentations qui ont causé sa perte sur le sol de la patrie où il s'est fait condamner. Et voilà pourquoi, précisément, nous admettons la colonisation pénale et voudrions la voir appliquer sur des bases assez raisonnées et raisonnables pour qu'elle ait des chances de réussite. C'est à la colonisation qui utiliserait la libération que nous voudrions aussi voir appliquer les grosses ressources sacrifiées aujourd'hui en pure perte et au grand danger de la société, à sa honte même, à des essais monstrueux de colonisation dont le condamné en cours de peine est le facteur principal !

Jusqu'ici la colonisation pénale n'a donné que de mauvais résultats : en Australie comme à la Guyane, comme en Calédonie ;..... mais partout il nous semble que l'on a marché d'une erreur à l'autre, partout on a échafaudé des théories magnifiques, mais dont l pratique était insensée; et point n'est encore prouvé, rien de sérieux n'est encore venu affirmer que l'on n'aurait rien à attendre d'un système mieux approprié au but que l'on se propose.

M. René de Semallé, dans une brochure intéressante, traite de l'établissement des colonies pénitentiaires; nous croyons bien faire d'en extraire les lignes suivantes :

Quant à la déportation, il est inutile de développer ici ses avantages; ils sont depuis longtemps un lieu commun en théorie; la pratique est venue donner de rudes démentis à la théorie dans les colonies pénales de l'Angleterre.

Tous les voyageurs qui ont visité l'Australie et la Tasmanie sont unanimes sur ces points : que l'amélioration des *convicts* est nulle, que le mépris que les hommes d'origine honnête font peser sur eux et leurs descendants les irrite et contribue beaucoup · à empêcher leur retour au bien, qu'un grand nombre parvient à échapper à la surveillance des gardiens, et épouvante la colonie par des déprédations et des massacres dont nous n'avons aucune idée en Europe, et qu'enfin, la *déportation* n'est pas, en réalité, un *châtiment,* c'est plutôt une prime accordée à l'inconduite. Quelle punition est-ce pour un indigent d'être transporté des brouillards de la Tamise dans une contrée délicieuse, dont le climat rappelle celui de la Sicile et de la Morée, d'y vivre confortablement, ayant droit à une certaine quantité de viande tous les jours, ne manquant de rien, ayant même la ration de thé et de sucre, et, enfin, d'avoir une concession en perspective, s'il ne se comporte pas trop mal dans sa nouvelle patrie ?

Le premier caractère d'une peine c'est de punir; le second, c'est d'améliorer ceux qui veulent bien — et ce ne sont pas tous les criminels — profiter des bonnes leçons qu'on leur donne, des bons exemples qu'ils peuvent recevoir.

Si la déportation anglaise manque de ces deux conditions, que lui reste-t-il donc? Elle est dérisoire pour l'homme de mauvaise volonté; pour le coupable repentant, c'est un supplice affreux que le préjugé qui flétrit les condamnés, même repentants, préjugé infiniment plus dur en Australie qu'en France et en Angleterre.

La colonie de Sidney n'a pris d'importance que par l'immigration de colons honnêtes, et c'est précisément cette immigration qui a détruit principalement le bon effet de la déportation.

La déportation doit avoir pour effet: 1° pour les déportés, de les punir sévèrement, de favoriser l'amélioration morale de ceux qui veulent revenir au bien, de donner aux condamnés repentants un lieu où ils puissent vivre, par un travail énergique, à l'abri des défiances et du mépris qui poursuivent le forçat libéré, et de rendre à ceux de ces infortunés qui en sont dignes la vie de famille et de travail, inséparable de la véritable réhabilitation.

M. de Semallé conclut à la transportation dans un lieu absolument désert où le condamné libéré ne pourrait nuire à personne et où personne ne pourrait entraver sa réhabilitation par le travail.

Sur un point, ces vues seraient absolument opposées à celles plus justes, selon nous, de la loi de 1854 qui voudrait arriver à fondre l'élément pénal définitivement régénéré dans une *population libre, nombreuse, puissante*. Et il n'est pas admissible en effet que cet élément, toujours face à face avec lui-même, puisse arriver à retrouver cette force morale que provoque et entretient l'exemple du travailleur qui n'a jamais failli.

Mais, en citant M. de Semallé, nous avons voulu montrer que tous les écrivains qui se sont préoccupés de la question pénitentiaire sont pénétrés de la nécessité d'une transportation pénale, reconnaissent le néant des résultats obtenus jusqu'ici par la méthode défectueuse de colonisation suivie par les administrateurs anglais et français, enfin déclarent qu'il y a mieux à faire, qu'une réforme s'impose et que, pour les libérés surtout, la sollicitude des Métropoles doit s'attacher à créer à ces hommes une situation nouvelle qui leur permette de reconquérir leur place dans la société sans être rebutés en route par mille entraves accablantes provenant de leur situation passée.

En Nouvelle-Calédonie comme à la Guyane, aux portes du bagne même, au milieu d'une population qui les a vus courbés sous la chaîne, les libérés pourront-ils jamais oublier et surtout faire oublier leur origine? Quel est l'administrateur assez mal inspiré pour faire ce calcul insensé et vouloir imposer à tous, comme vraisemblable, une impossibilité aussi énorme? Comment! C'est sur le lieu même de l'expiation, en vue de l'établissement maudit où l'homme n'était plus qu'un numéro et l'esclave de la loi, où, hier encore, on l'appelait *forçat,* c'est là, sur cette terre à travers laquelle circulent les bandes du bagne, où il verra chaque jour la livrée infâme qu'il a portée tant d'années, où les anciens camarades lui lanceront en passant leurs cyniques plaisanteries, c'est là que vous rêvez la régénération du libéré?

Vous entassez dans la même vallée des centaines de concessionnaires sortant du bagne, à côté du bagne même; vous rapprochez encore le vice du vice, le crime du crime, vous facilitez l'explosion des haines contenues et des mauvaises passions, domptées en apparence mais qui ne résistent pas à l'occasion offerte... A ces hommes, qui ont besoin de l'isolement d'abord et du recueillement toujours, vous imposez une promiscuité détestée, un voisinage irritant, fatal, qu'ils doivent fuir comme une peste mortelle s'ils sont vraiment corrigés, ou qui les repoussent au bagne s'ils ont encore un levain de leurs mauvais instincts !

Voilà comment se fait l'application des théories conçues en chambre, dans le cabinet du chef de bureau, et l'on a vu ce que valent les résultats obtenus ! Nous pensons donc qu'à la sortie du bagne, le libéré doit être appelé à se prononcer dans un délai de quelques mois sur la destination qu'il désire donner à son existence. Pendant la période de réflexion, des chantiers lui seraient ouverts où, en travaillant d'après ses aptitudes, il serait nourri et recevrait une rétribution suffisante pour ses besoins courants. Dans ces chantiers, les colons libres pourraient voir les libérés à l'œuvre, et auraient la faculté de traiter avec eux dans le cas où une entente commune viendrait à se produire... Et c'est ainsi que ceux qui le désireraient pourraient rester sur place puisqu'ils y auraient rencontré des moyens assurés d'existence. Mais la rentrée dans les ateliers dont nous parlons leur serait absolument interdite après un premier engagement chez l'habitant, car on retomberait immédiatement dans le système actuel qui n'est qu'un encouragement à la paresse et au vice. Tout libéré engagé chez un colon et qui viendrait à quitter son employeur sans s'être assuré d'un autre poste ou

sans avoir une avance suffisante pour vivre de ses
propres ressources, retomberait immédiatement sous
le coup de la loi de vagabondage, et devrait être expédié
aux Nouvelles-Hébrides sur un lot de terre choisi et
délimité, avec l'outillage et les moyens pour en tirer
son existence.

Quant aux libérés qui, pendant le délai de réflexion
accordé, demanderaient les moyens de s'établir à leur
compte dans une des professions qu'ils auraient exercées
avant leur condamnation, ces moyens devraient leur
être facilités dans la mesure du possible et, pécuniaire-
ment parlant, jusqu'à l'équivalence de la valeur du lot
de terre accordé aux autres libérés; et, ces ouvriers de
bonne volonté pourraient aussi bien exercer leur état
sur la colonie pénitentiaire même qu'aux Nouvelles-
Hébrides s'ils pensaient avoir avantage à s'y fixer.

Enfin, tout libéré propre au travail de la terre et qui
aurait les moyens d'acquérir une propriété dans la
Colonie serait libre de le faire, et la valeur du lot qui
lui serait alloué aux Hébrides devrait lui être remise
pour l'aider dans son achat.

Pour les autres, c'est-à-dire pour tous ceux qui,
dans les chantiers administratifs, ne se décideraient à
rien avant le terme du délai accordé, ou qui refuseraient
le travail pouvant faire face à la valeur de leur nourriture et de leur entretien, ils seraient inscrits d'office
au nombre des concessionnaires de terrains et expédiés
aux Hébrides, où les attendrait le régime commun à
tous les citoyens français soumis à la loi française,
c'est-à-dire à la nécessité de travailler pour vivre... Et

ils auraient encore, sur les citoyens honnêtes, cet
immense avantage d'une dotation d'excellente terre
faite par l'État.

Il est temps d'en finir avec les incorrigibles fainéants
qui, bien portants, se font nourrir par l'État et
exploitent ainsi aux dépens de la société dont ils
se moquent leur situation d'hommes tarés par une
condamnation aux travaux forcés. Ils savent que l'Administration locale doit, autant qu'elle le peut, assurer
la sécurité du colon libre ; ils savent que cette Administration redoute leurs déprédations chez l'habitant et
a le devoir de ne leur laisser aucun prétexte à pillage...
Ils la mettent donc ainsi constamment en nécessité où
de les laisser piller — l'ouvrage faisant toujours défaut
d'après eux — ou de leur donner du pain dans les
refuges qu'elle a eu la faiblesse de leur ouvrir !

Mais il n'est pas admissible que ce que l'on refuse à
l'homme libre et honnête on l'accorde au misérable
qui, après avoir commis un crime, prétend encore
faire nourrir sa paresse à la société ; c'est ce qui se passe,
à la vérité, mais c'est absolument le monde renversé,
et il n'y a pas de raison pour que, alléchés par un
pareil état de choses, tous les fainéants de France et de
Navarre ne s'empressent de commettre un crime qui
les rende dignes d'une pareille félicité !

La méthode que nous indiquons aurait pour résultat
la sélection raisonnée de l'élément pénal et l'établissement, sur le territoire pénitentiaire, de la seule portion
susceptible de parvenir à s'y fixer et y prospérer sans
entraver l'élément libre qui ne ferait que gagner à

cette sélection, puisqu'elle ne lui laisserait que la main-
d'œuvre sérieuse, — d'autant plus sérieuse qu'elle ne
serait plus paralysée par la présence des mauvais camarades, par leur entraînement et leurs tristes exemples.

Pour tous les libérés qui, de bonne grâce, accepte-
raient des moyens d'établissement quelconques, soit
en outillage, soit en terre, soit en argent, comme aussi
pour ceux que l'on obligerait à devenir propriétaires
d'un excellent lot de terre afin de les guérir de leur
paresse invétérée en leur enlevant tout prétexte à
fainéantise, l'Administration a le devoir de faciliter
la constitution de la famille.

CHAPITRE XII

Nous avons dit plus haut que le bagne doit rester la peine la plus élevée de notre Code après la peine de mort; *il n'est donc pas admissible qu'un condamné aux travaux forcés, puisse faire son bagne en famille ;* la privation de cette famille étant précisément une des faces de la peine. Et nous nous demandons un peu si, quatre ans après son arrivée en Calédonie, on avait placé Fenayrou sur une bonne propriété avec sa femme pour ménagère, cet assassin n'aurait pas eu plus d'agrément encore que de vivre sans rien faire, mais sans son épouse, dans la pharmacie de Bourail ou dans le bureau de l'île Nou !

Ce sont de bien singuliers forçats, en vérité, que ceux que nous confectionne actuellement l'école ultra-humanitaire, de concert avec l'Administration de la transportation !

On dit : la femme, les enfants, les vieux parents du condamné ne sont pas coupables, eux, et cependant ils sont frappés cruellement par la perte de leur soutien naturel! C'est vrai et douloureux en effet... Mais la première considération n'est-elle pas celle de la sécurité de la société tout entière? Le juge peut-il ne pas appliquer la loi à un monstre dangereux tant pour sa famille que pour la société, sous prétexte qu'il enlève un soutien à cette famille... Quel soutien, grand Dieu!

Que l'État s'intéresse au sort de la famille du condamné, cela est humainement nécessaire... Et il reste à ce sujet beaucoup à faire, tout peut-être, mais nous ne pouvons traiter ici cette grave et intéressante question; nous laissons à l'État le soin de veiller sur la famille du condamné lorsque cette famille n'a pas participé au crime qui l'a séparée de celui qui devait être son soutien naturel; mais nous prétendons qu'il est contraire au bon sens, contraire au jeu même de la loi, de réunir la famille au condamné avant l'expiation du crime. C'est au moment de la libération seulement que cet acte (qui est une suprême récompense) doit s'accomplir. Et si, à cette époque, la réunion n'est plus possible, c'est un malheur qu'a entraîné le crime du condamné; nul n'en peut être responsable que lui, et la prévision de ce malheur inévitable aurait dû contribuer à le retenir sur la pente du crime.

Quant à entrer dans les considérations de ce qu'a de contraire à la nature l'isolement forcé des sexes, on avouera que c'est aller un peu loin dans le système des précautions à l'égard de l'être qui ne se fait qu'un jeu de jeter le trouble, l'épouvante et le deuil au sein de la population honnête; et l'on reconnaîtra, avec un peu de réflexion et de bon sens, tout ce qu'il y a de véritablement malsain, sous prétexte de moralisation, dans le rapprochement de la famille du condamné pendant l'exécution de la peine. Bien pire encore est la *faculté de mariage accordée au condamné* en cours de peine, surtout avec des femmes condamnées elles-mêmes: c'est *de la démonstration officielle,* comme nous l'avons démontré plus haut. Mais il est de toute justice qu'arrivé à sa libération, et se trouvant pourvu de moyens suffisants d'existence, l'ex-condamné puisse recevoir sa famille s'il le désire et que l'État lui fournisse les moyens de ce rapprochement ainsi que des secours pour la première installation. Il est juste aussi que les femmes des maisons centrales *également arrivées à libération* et dignes, par leur conduite, des faveurs administratives, puissent obtenir de petites dots en argent ou en terre, sur la colonie pénitentiaire et se trouvent ainsi, dans des conditions favorables, en état d'y contracter mariage.

Mais, en aucun cas, nous n'admettons les mariages entre condamnés en cours de peine; ils ne peuvent amener que des catastrophes et la démoralisation complète des groupes pénitentiaires où ils sont contractés. Toutes les fois qu'un condamné, par une conduite hors ligne, paraît mériter une récompense extraordinaire, nous prétendons que l'État a le droit de le gracier et de lui accorder ensuite cette récompense, mais en le sortant du milieu corrompu où toute grâce perd sa valeur.

L'attention de l'Administration centrale a souvent été appelée sur les dangers que court la Colonie du fait des libérés vagabonds, et certaines mesures plus inefficaces les unes que les autres ont été essayées. On les a soumis à cinquante contrôles, au livret, etc.; on les a cantonnés par arrondissements (ce qui était illégal, du reste, pour un certain nombre); mais on ne s'est jamais aperçu que plus on resserrait la tutelle, plus on leur enlevait les facilités de travail et d'embauchage, et, par conséquent, plus on s'engageait à les entretenir le cas échéant; l'Administration oubliait qu'avec tant d'entraves elle leur enlevait absolument toute initiative, restait absolument responsable de leurs actes et devait leur tendre la main dans le cas où ils établiraient l'impossibilité de trouver un emploi, cas toujours facile à établir pour des gens qui ont passé leur existence à duper le reste de leurs concitoyens.

Nous demandons, pour les libérés, la liberté absolue à la sortie des chantiers dont nous avons parlé plus haut et où ils doivent être tous, sans exception, reçus à la sortie du bagne pendant ce que nous appelons la période de réflexion, période de recueillement qui doit précéder une détermination définitive. Nul n'étant autorisé à sortir de ces chantiers sans avoir en mains des éléments d'existence sérieux, le vagabondage ne pourra plus être toléré, n'ayant plus de prétexte.

Nous ne prétendons certes pas que même avec ces précautions nouvelles la libération changera d'allures; nous savons trop, pour nous illusionner à ce point, ce que vaut l'élément pénal après la corruption du bagne. Nous ne pourrons espérer un résultat vraiment satisfaisant que lorsque l'état du bagne lui-même aura profondément été modifié et nous reviendrons sur cette base de l'institution même; mais il est hors de doute, d'autre part, qu'avec ce procédé, nous arriverons rapidement à trier les bons libérés d'entre les mauvais, à purger la Nouvelle-Calédonie et la Guyane des parasites dangereux qui entravent la colonisation libre de ces deux belles colonies, pour les reléguer sur des terres fertiles où, sans pouvoir nuire à personne, ils seront enfin forcés de travailler pour vivre, ce qui, rappelons-le, est, au bout du compte, le lot commun à tous les citoyens d'une nation!

Et l'on ne saurait se récrier ni nous accuser d'aucune cruauté, puisque nous réservons encore à tous ces misérables, la plaie des sociétés, un sort que bien des honnêtes gens réclament et que l'État leur refuse sous des prétextes par trop insuffisants, hélas!

CHAPITRE XIII

Aujourd'hui, la Nouvelle-Calédonie a définitivement constaté et reconnu qu'elle n'avait rien à espérer de la main-d'œuvre pénitentiaire pour ses travaux publics, pour ses travaux les plus pénibles de la colonisation. Elle considère exclusivement le bagne comme un établissement qui consomme ses denrées et jette chaque année un certain nombre de millions dans son commerce et rien de plus.

Elle prendrait très certainement son parti de cette situation, tout anormale qu'elle puisse être, si, d'autre part, l'Administration qui régit cet établissement ne l'érigeait en véritable calamité pour la colonisation libre de l'île.

Nous avons parlé des dangers des évasions, de l'indiscipline, du vagabondage, des règlements inouïs du bagne, mais, ce qui touche de plus près encore l'existence de la colonie, c'est l'envahissement incessant du territoire colonial par l'élément pénal auquel on livre inconsidérément les meilleures terres dans les conditions déplorables que nous avons énumérées dans le cours de ce travail.

Nous prétendons qu'il y va de la dignité et de la sécurité de la France de *rappeler à l'ordre* l'Administration pénitentiaire de la transportation et de veiller à ce que le bagne redevienne ce qu'il n'aurait jamais dû cesser d'être : une punition exemplaire pour les grands coupables.

A plusieurs reprises, et comme c'était du reste notre devoir, nous avons prévenu l'Administration centrale de la situation que nous exposons dans cet ouvrage. A plusieurs reprises, nous avons adressé des rapports à cet égard au Ministre de la Marine lui-même et nous ne saurions mieux faire, pour bien établir que cette situation étrange n'est pas inconnue du Département, de placer ici l'un des rapports en question.

Paris, 23 juillet 1884.

Le délégué de la Nouvelle-Calédonie au Conseil supérieur des Colonies, à M. le Ministre de la Marine et des Colonies, Paris.

MONSIEUR LE MINISTRE,

Sur une proposition de l'Administration pénitentiaire, l'État serait disposé à agrandir le domaine de cette Administration en Nouvelle-Calédonie.

A l'heure actuelle, le bagne occupe 50,000 hectares des meilleures terres de l'île ; il demande un agrandissement de 25,000 hectares et, de plus, il se propose d'occuper les forêts de la baie du Sud (dont il est aujourd'hui simple locataire), l'île Ouen, une partie du cap Goulvain, ce qui porterait la totalité de ses possessions à 100,000 hectares environ.

Cet agrandissement est proposé en vue des concessions de

terres accordées par l'Administration aux condamnés en cours de peine ainsi qu'aux libérés.

Permettez-moi, Monsieur le Ministre, de rappeler ici que la loi du 30 mai 1854 sur la transportation pénale ne prescrit pas que des lots de terre *seront* accordés, elle dit tout simplement *pourront être* accordés aux condamnés se trouvant dans certaines conditions. Elle ne fait point très certainement de cette faveur une règle, mais bien une exception. La loi de 1854 n'a pu vouloir faire des concessions de terre *une prime au crime*, en les accordant aux condamnés *en cours de peine;* elle a voulu donner au condamné, qui a payé sa dette à la société, au *libéré*, des moyens d'existence honorables, des moyens de se régénérer, de se réhabiliter par le travail moralisateur de la terre.

Il est malheureusement à craindre que la méthode du jour, méthode qui consiste à mettre en concession le condamné en cours de peine et à lui faire un sort qu'envieraient la plupart de nos braves paysans, ne soit d'un effet déplorable sur les esprits faibles qui n'ont point le courage de combattre la misère par le travail et savent qu'en commettant un crime ils sont *assurés* d'une existence facile, sans soucis d'aucune sorte, sous un climat incomparable.

Cette interprétation toute particulière de la loi de 1854 a d'autres inconvénients : elle ouvre toutes les voies à l'arbitraire, elle permet de faire à de grands criminels, qu'une main puissante aurait encore le courage de protéger, une situation qui n'aurait rien de commun avec les travaux forcés imposés par la loi.

Le juge mesure la peine à la grandeur du crime, et le crime n'est expié que quand finit la peine. La loi de 1854 a suffisamment désigné le condamné, qui a purgé convenablement et entièrement sa peine, comme le seul digne de la faveur d'une concession et, de là, l'expression : *pourra*, portée par le texte de la loi.

Permettez-moi, Monsieur le Ministre, de placer sous vos yeux quelques chiffres qui précisent exactement la règle suivie au bagne, règle absolument contraire à l'esprit de la loi de 1854.

Au commencement de 1883, c'est-à-dire il y a dix-neuf mois à peine, il existait sur l'immense propriété pénitentiaire :

71 libérés concessionnaires seulement et

227 condamnés en cours de peine, soit

298 concessionnaires en tout.

Si, à cette époque, les libérés seuls eussent été admis en concession, l'Administration pénitentiaire aurait occupé environ 704 hectares par concessionnaire !!

Pour les 298, elle occupait donc 167 hectares par concessionnaire !

Pendant l'année 1883, M. le gouverneur Pallu de la Barrière fait placer 254 condamnés en cours de peine,

2 femmes condamnées,

108 libérés,

soit un total de 364 concessionnaires et, pour les deux années un total général de 662 concessionnaires, dont 483 condamnés *en cours de peine !*

Si les 179 libérés seuls eussent été pourvus de terres, l'Administration pénitentiaire eût encore occupé à cette époque 279 hectare par colon pénal !

Mais, en admettant même que l'Administration se pense obligée de pourvoir les 662 condamnés, elle occuperait encore plus de 75 hectares par concessionnaire, c'est-à-dire un espace suffisant pour sept colons condamnés, y compris les emplacements réservés aux services.

Il n'y a donc, en réalité, Monsieur le Ministre, aucune nécessité d'agrandir le domaine pénitentiaire qui est plus que suffisant pour sa destination si les Administrateurs se voient enfin tenus à l'application stricte de la loi.

Il serait d'autant plus inutile et regrettable d'agrandir le bagne que les résultats moraux aussi bien que les résultats physiques sont déplorables. Les pénitenciers agricoles sont des sentines tellement immondes que les condamnés eux-mêmes y abandonnent leurs concessions aussitôt qu'ils en ont le droit, et que les libérés préfèrent rentrer au bagne même plutôt que d'y devenir concessionnaires ! Sur plus de 3,000 libérés actuellement en Calédonie, 179 seulement étaient en concession au commencement de 1884... Combien ces chiffres ont d'éloquence !

Quant aux terres qu'ils abandonnent et qui pourraient retourner à l'élément libre, personne n'en veut, bien qu'elles soient les plus riches de la Colonie. On cite un seul cas, croyons-nous, de transaction de ce genre.

Aussi, Monsieur le Ministre, quand on considère qu'il ne reste plus, en Nouvelle-Calédonie, que *cinquante mille hectares* de terrain sur lesquels l'immigration libre puisse désormais s'installer, et que l'on voit l'État prêt à en sacrifier plus de la moitié (et la meilleure) à des expériences que le simple bon sens réprouve, que tous les témoins oculaires, colons libres et Administrateurs mêmes, ont depuis longtemps condamnées, on ne peut que gémir et déplorer une pareille décision.

La concession au condamné en cours de peine est immorale ; elle est contraire à toutes nos lois ; elle excite au crime en lui promettant une prime ; elle pousse les administrations à l'arbitraire ; elle envahira fatalement et rapidement la colonie qu'elle perdra ; elle doit être supprimée immédiatement ou l'immigration libre n'est plus possible en Nouvelle-Calédonie !

On s'est beaucoup exagéré, en France, l'importance du territoire arable de la colonie ; les quatre cinquièmes du pays sont occupés par un massif montagneux qui fera certainement un jour, par la richesse minière qu'il recèle, la fortune générale, mais qui rejette à peu près toute culture... Aussi, quand, à la Chambre, on a parlé d'hectares disponibles par centaines de de milliers et d'habitants possibles par centaines de mille... tout le monde a été saisi d'étonnement à la Colonie, où depuis longtemps déjà, on ne pouvait plus faire face aux demandes de terres admises par les règlements domaniaux en vigueur.

Monsieur le Ministre,

« Permettez-moi de conclure de ce qui précède :

1° *Que ce serait une véritable calamité publique de sacrifier une belle colonie à la réalisation de projets qui n'ont aucune raison d'être, et contrarient l'esprit de la loi de 1854 que l'on prétend appliquer;*

2° *Que le domaine pénitentiaire actuel est plus que suffisant pour un nombre vingt-cinq fois supérieur à celui des concessionnaires qui demandent à être pourvus;*

3° *Qu'il n'y a pas lieu d'agrandir en quoi que ce soit le domaine pénitentiaire;*

4° *Que si l'agrandissement projeté est exécuté, la colonisation libre est paralysée en Nouvelle-Calédonie;*

5° *Qu'une réorganisation immédiate de l'Administration des Bagnes est indispensable;*

6° *Que si, en dehors de l'esprit de la loi, on maintient le système des concessions aux condamnés en cours de peine, on verra, suivant les administrateurs, les chiffres prendre de telles proportions que le territoire entier de la Colonie finira par être absorbé, cela est bien évident, puisque 50,000 hectares ne peuvent déjà plus suffire avec 662 concessionnaires seulement !*

7° *Qu'il y a nécessité absolue, aussi bien physique que morale, d'arrêter immédiatement l'abus qui consiste à mettre en concession les condamnés en cours de peine, et de ne donner désormais des lots de terre qu'aux seuls libérés qui peuvent y avoir des droits.*

Telles sont, Monsieur le Ministre, les appréciations que je crois devoir vous soumettre en ma qualité de Délégué de la Colonie et que je vous prie d'honorer de votre bienveillante attention.

Agréez, etc.

Pour attirer plus particulièrement l'attention du Ministre de la Marine sur ce rapport, nous avions prié l'honorable M. de Mahy, ancien Ministre du Commerce et, par intérim, de la Marine, de vouloir bien remettre lui-même l'exemplaire destiné au chef du Département, M. l'amiral Peyron.

M. de Mahy se chargea de cette mission et, le 6 août suivant, nous lui adressions la lettre suivante :

A Monsieur de MAHY, député, à Paris.

Permettez-moi de vous présenter mes remerciements pour le service que vous avez bien voulu me rendre.

Je voudrais, Monsieur, pouvoir vous mettre bien au courant de cette triste question pénitentiaire, vous faire partager l'indignation que j'éprouve en voyant sacrifier une belle et riche Colonie aux utopies de la loi de 1854 sur la transportation.

Cette loi qui permet, après quatre années de bagne, de faire au condamné à perpétuité une situation que peuvent envier les quatre cinquièmes de nos paysans et de nos braves ouvriers est une loi immorale qui provoque au crime en lui offrant une prime magnifique.

Je n'hésite pas à dire, Monsieur le Député, que cette loi trop fameuse est une honte pour notre cher grand pays ; elle doit être abrogée ou profondément modifiée dans son application.

Vous voyez, Monsieur, que cette loi laisse à l'arbitraire des administrateurs du bagne la voie la plus large, la plus commode.

M. le gouverneur Pallu a pu, à lui seul, en deux années à peine, porter le nombre des condamnés propriétaires de concessions rurales de 298 à plus d'un millier ! Et le Directeur de l'Administration pénitentiaire en a passé par tout ce qu'à voulu M. Pallu... et le Département de la Marine approuve, et consacre, en se préparant à envahir le territoire étroit de la Colonie afin de pouvoir poursuivre à l'aise cet audacieux système !

Vous pouvez sentir, Monsieur, qu'il n'y a aucune raison pour s'arrêter dans cette voie si l'Administration reste armée de cette loi funeste de 1854... et *elle envahira fatalement la Colonie tout entière* pour peu que l'école extra-humanitaire ne s'aperçoive pas bientôt qu'elle martyrise l'humanité en encourageant le vice et le crime, en encourageant le coupable au détriment de la société, et pour peu qu'on envoie encore en Calédonie deux ou trois Gouverneurs de la force de M. Pallu.

Monsieur de Mahy, le Parlement dont vous faites si dignement partie a déjà élaboré une loi qui condamne celle de 1854; vous avez consacré par cette loi les principes, les idées que je viens d'émettre; mais elle est insuffisante en ce sens qu'elle ne vise que les pensionnaires des maisons centrales qui manœuvrent en vue d'aller se faire propriétaires *à la Nouvelle*; les malfaiteurs de profession, les habiles, ceux qui connaissent leur code et les subtilités de la procédure, ne se mettront plus dans le cas de condamnations à la réclusion, ils commettront du premier coup de bons gros crimes capables de les faire envoyer directement *à la Nouvelle*, manœuvre qui leur sera infiniment avantageuse.

Quant aux récidivistes, on ne leur promet pas (encore), à eux, de propriété aux Colonies; ils ne sont pas encore assez coupables pour que l'État leur octroie une récompense qu'il prodigue aux assassins émérites; eh bien! vous verrez qu'ils n'hésiteront plus à mettre le couteau à la main pour mériter cette faveur! Quelle pitié!

Pesez, examinez, serrez de près cette grave question, Monsieur le Député; elle est digne de l'intérêt de l'élu qui a su se rallier les sympathies générales, dont la parole est écoutée de tous. Portée devant le Parlement, par un membre de votre notoriété, elle ne peut manquer d'être appréciée et traitée d'une façon digne de la nation.

Agréez..., etc.

P. S. — On ne saurait perdre de vue que la transportation pénale *a pour but* l'exécution des grands travaux d'utilité publique dans la Colonie qui la reçoit; puis de récompenser par une concession de terre le condamné qui aura fait preuve de courage pendant l'exécution de ces travaux.., Or, les travaux de la Nouvelle-Calédonie sont à peine ébauchés que déjà plus de mille condamnés sont en concession !

On enlève ainsi à la Colonie une main-d'œuvre qu'on lui doit, et dont elle ne saurait se passer, pour l'anéantir dans des recoins qui se transforment rapidement en cloaques immondes.

Malgré tant d'efforts, le 16 août devait donner jour au décret prélevant sur le domaine non 25,000 hectares, comme le demandait l'Administration pénitentiaire, mais bien 110,000 hectares. Il ne nous restait plus qu'à élever vers le pouvoir central le cri de douleur et de protestation de la Colonie, blessée par une mesure tout au moins inopportune, sinon dangereuse, illégale peut-être.

Le 9 janvier suivant, alors qu'il n' y eût plus de doute possible sur l'intention du Département de poursuivre l'exécution du Décret, alors que le sous-Directeur des Colonies pressait le Service local pour qu'il prît des mesures en conséquence, nous revînmes encore à nouveau supplier le Ministre de ne point consommer la ruine de la colonisation libre dans notre beau pays ; notre protestation, publiée à la Colonie, commençait en ces termes :

Monsieur le Ministre.

Le décret du mois d'août dernier, qui porte à 110,000 hectares le domaine pénitentiaire en Nouvelle-Calédonie, a causé la plus vive émotion dans la Colonie. Moi-même, Monsieur le Ministre, j'avais eu l'honnneur de vous faire remettre une protestation motivée avant la promulgation du décret ; permettez-moi, permettez au seul défenseur des intérêts de notre grande Colonie du Pacifique à Paris, de remettre sous vos yeux la situation faite à la Nouvelle-Calédonie par les dispositions de ce décret..., etc.

Enfin, nommé par la troisième section du Conseil supérieur Rapporteur du projet de décret instituant un Conseil général en Nouvelle-Calédonie, nous saisîmes cette occasion de protester à nouveau — et très officiellement, cette fois — dans notre rapport même et malgré la désapprobation de la section tout entière qui ne voulut admettre le paragraphe relatif à cette affaire qu'à condition que nous nous en réserverions personnellement la responsabilité... Il nous fallut modifier l'article en ce sens, et ce fait *établit encore mieux que tout le reste l'opinion bien arrêtée du Conseil* au sujet du décret du 16 août. MM. F. Faure et Grodet pour le Ministère, et MM. Berlet, Peulevey, Blondeau, Dislère, sénateurs et conseillers d'État, furent les membres du Conseil supérieur qui insistèrent avec le plus de ténacité pour que le Conseil s'assurât, avant de discuter le projet à l'ordre du jour, que les *droits de l'État* étaient préalablement établis sur le domaine, c'est-à-dire que l'exécution du décret du 16 août était assurée.

Voici le passage du rapport dont il est question plus haut :

...Qu'il me soit permis, Messieurs, avant de vous soumettre le résumé de ses travaux, d'exprimer ici, comme je l'ai fait à la section, en ma qualité de Délégué de la Colonie, mes amers regrets de voir ce beau pays sacrifié par le décret du 16 août à l'élément pénal ; et, en effet, si, d'une part, l'État doit pourvoir aux nécessités créées par la loi du 30 mai 1854, de l'autre, la Colonie, trop étroite pour servir de théâtre à une œuvre d'aussi vastes proportions, a légitimement lieu de craindre de voir, dans un jour prochain, l'élément pénal dominer, chez elle l'élément libre.

Le pouvoir métropolitain, qui donne une preuve si éclatante de l'intérêt tout particulier qu'il prend au développement de nos établissements *d'outre-mer, en les dotant d'institutions qui consacrent les progrès de la colonisation libre, le pouvoir métropolitain auquel je suis heureux d'avoir l'occasion de transmettre l'expression de la reconnaissance de la Nouvelle-Calédonie à cet égard, doit connaître aussi les appréhensions de sa population en apprenant qu'*avant d'obtenir son Conseil général, elle doit voir prélever 110,000 hectares sur la meilleure portion de son territoire.

Si nous avons cru, Messieurs, devoir donner à la partie du rapport qui précède un certain développement, c'est qu'elle concerne une question préjudicielle et du plus haut intérêt, sans la solution de laquelle la majorité de votre troisième section hésitait à passer à l'examen du projet..., etc.

Enfin c'est à cette même session que M. le Président Félix Faure, sous-secrétaire d'État de la Marine et des Colonies, dans son discours d'ouverture, prononça les paroles suivantes qui montreront suffisamment l'opinion du Ministère sur l'opportunité du décret du 16 août et celle de l'honorable orateur sur le bien fondé de nos protestations :

Je ne terminerai pas cette rapide revue, dit M. Faure, sans dire un mot d'une question qui, à Nouméa, nous a valu de vives récriminations : je veux parler du décret du 16 août 1884, portant délimitations du territoire pénitentiaire. Notre honorable collègue, M. Moncelon, ne m'en voudra pas de dire que les protestations que les colons ont adressées à ce sujet au Département sont empreintes d'une manifeste exagération. La loi du 30 mai 1854, sur l'application de la peine des travaux forcés, a fait de la Nouvelle-Calédonie une colonie pénitentiaire; elle a prévu que des concessions de terre pourraient être accordées au bout d'un certain temps aux transportés; il était donc de toute nécessité, sous peine d'être amené dans un temps donné à ne plus appliquer la loi, de déterminer la

réserve du domaine dont l'État peut disposer pour la transportation..., etc.

Séance du 11 février.

CONSEIL SUPÉRIEUR; EXTRAIT DU PROCÈS-VERBAL
DE LA SÉANCE DU 16 FÉVRIER :

« M. Moncelon *ne conteste pas que la loi de 1854 n'ait prévu les
concessions de terre faites au profit des transportés ; mais la loi a
laissé sur ce point une trop grande latitude à l'Administration. Par
le fait, il n'y a eu, dans les vingt premières années de l'application de
la loi, que 179 ou 181 transportés mis en même temps en concession,
et subitement, dans une période récente, ce chiffre s'est élevé à un millier.
C'est contre cette invasion de l'élément pénal que protestent les colons
libres qui voient leur échapper les portions les plus fertiles du territoire
de l'île. C'est pour ce motif qu'à maintes reprises la Colonie a exprimé
le vœu de voir occuper les Nouvelles-Hébrides qui pourraient être colo-
nisées par les libérés. Si la Colonie doit être exclusivement une colonie
pénitentiaire, à quoi bon la doter des institutions d'un pays libre?
Les colons seront sacrifiés à l'élément pénal.* »

On remarquera tout particulièrement les paroles de
l'honorable Sous-Secrétaire d'État, M. Félix Faure, au
sujet de l'obligation, pour le Département, de déterminer la réserve du domaine dont l'État peut disposer
en faveur de la transportation, *sous peine d'être amené,
dans un temps donné, à ne plus appliquer la loi du 30 mai 1854.*

Il semblerait ainsi, dans l'idée de M. Félix Faure,
qu'appliquer la loi de 1854 c'est faire ce qui se pratique
aujourd'hui si scandaleusement en Nouvelle-Calédonie,
c'est-à-dire distribuer à tous les condamnés, aussi bien
condamnés en cours de peine que libérés, aussi bien à
ceux qui ont dix ans de condamnation qu'à ceux qui

ont encouru une peine perpétuelle, les meilleures terres
de l'île, quitte à sacrifier l'avenir de la population libre !

Nous savons bien que l'État a été prodigue et mal
inspiré lorsqu'il a, dans le principe, partagé le domaine
local entre quelques privilégiés seulement... Mais c'est
une raison de plus pour être avare actuellement de
ce qui reste et le conserver précieusement pour ceux
qui, par des demandes antérieures, régulièrement
inscrites selon la législation domaniale en vigueur,
peuvent y avoir des droits, et pour la petite colonisation libre qui fera la richesse du pays. L'Administration actuelle voudra-t-elle se rendre à l'évidence ?

Nous n'ignorons pas qu'au Ministère on est peu
porté aux innovations ; on répugne à réviser les œuvres
qui ont pris naissance dans ce laboratoire officiel dont
tous les produits sont naturellement considérés comme
excellents par les hommes dits spéciaux qui les ont
fabriqués, et qui les imposent comme supérieurs à tout
ce qu'on pourrait leur opposer d'autre provenance...
Mais en regardant d'un peu près au fond des bureaux,
on n'aperçoit que d'honorables employés qui ont fait
leur situation en usant une série respectable de fauteuils
de cuir, sans jamais quitter ce trône hiérarchique pour
aller voir aux Colonies l'effet produit par leurs ordonnances. Ils attendent leurs inspecteurs et sont toujours
enchantés de les entendre faire l'éloge des résultats
obtenus à la suite desdites ordonnances. **Aussi les
chefs de bureaux sont-ils très satisfaits, les inspecteurs montent-ils en grade, les Colonies sont-elles
ruinées !**

On pourra nous demander ce que fait le Conseil supérieur des Colonies? Nous demander pourquoi nous ne portons pas devant une assemblée qui semble créée pour s'occuper des intérêts des Colonies cette question si grave de la colonisation pénale? pourquoi nous ne signalons pas à ce Conseil, qui doit être composé d'hommes tout spéciaux et connaissant bien les besoins des Colonies, les abus si lourds, si détestables, si dangereux pour la Nouvelle-Calédonie comme pour la France entière que nous venons de passer en revue dans cet ouvrage?

La réponse est facile : c'est que *le Conseil supérieur des Colonies est purement consultatif* et que, d'après l'avis de M. Félix Faure lui-même, qui en était le Président, *un conseiller n'est pas appelé à donner son avis dans une question dont le Conseil n'est pas saisi;* c'est que, aussi, les deux tiers des membres de l'assemblée sont à la nomination du Ministre et choisis parmi de hauts fonctionnaires dont beaucoup ne connaissent pas les Colonies. Le Conseil supérieur des Colonies est, du reste, peu consulté; en 1885, il ne s'est réuni qu'une seule fois.

Il n'est que trop évident aussi que, dans une question de cette sorte, en fût-il saisi par le Ministre lui-même, le Conseil, composé comme il l'est, en grande partie, d'administrateurs métropolitains, conseillers d'État, directeurs d'administration, amiraux, généraux, etc., étudierait surtout la question au point de vue administratif et serait inévitablement séduit par un raisonnement du genre de celui de M. Félix Faure, à savoir qu'étant donnée la loi du 30 mai 1854, qui autorise les cessions de terre aux condamnés, l'État est tenu de livrer les terres dont l'Administration qui applique cette loi a besoin. Ce Conseil, tout administratif, ne l'oublions pas, voudrait sans doute aussi, pour éclairer suffisamment sa religion et émettre un avis bien motivé, consulter les rapports des Inspecteurs et peut-être même les Inspecteurs eux-mêmes... On sait ce que vaut ce qu'ils liraient et ce qu'ils entendraient! **Le Conseil supérieur des Colonies, ainsi constitué, n'est pas appelé à rendre les services qu'on pouvait en attendre.**

C'est avec ce système que les abus se perpétuent ainsi que les scandales, en Guyane comme en Calédonie; c'est pourquoi nous avons senti la nécessité d'établir un travail qui puisse parvenir à tous ceux que de pareilles questions intéressent, afin d'obtenir par les démonstrations de l'opinion publique ce que toutes les démarches administratives laisseraient éternellement en sommeil: la régénération de l'Administration pénitentiaire de la transportation elle-même! Et, pour bien établir qu'avant de chercher à régénérer le forçat c'est l'Administration pénitentiaire qu'il importe de régénérer d'abord, en lui mettant en main des règlements mieux appropriés au but qu'on se propose, nous voulons citer un dernier fait bien topique et bien scandaleux.

A Cayenne, les forçats ne manquent jamais d'approvisionnements, rien de plus juste; mais ce qui l'est moins, c'est que la garnison et la population libre soient beaucoup moins bien soignées, et l'on a vu ces dernières à court de vivres, alors que les premiers pouvaient revendre en cachette leurs rations de viande, — nous tenons le fait d'un témoin oculaire... Or, *ces forçats si régulièrement pourvus* ne font absolument rien et *laissent aux soldats le soin d'exécuter leur besogne... Les règlements le veulent ainsi, paraît-il*, et l'on va voir comment.

Il arriva que la municipalité de Cayenne, ayant constaté que les immondices qui encombraient certains quartiers de la ville étaient susceptibles d'y entretenir des épidémies mortelles, s'adressa au Gouverneur pour qu'il voulût bien faire procéder à l'enlèvement desdites immondices par la main-d'œuvre pénitentiaire. Le Gouverneur s'adressa tout naturellement au Directeur de l'Administration pénitentiaire en lui ordonnant de faire faire le travail aux heures de la journée pendant lesquelles les rues restaient désertes, afin de ne pas gêner la population pendant les quelques instants de fraîcheur qui lui permettent de sortir et de changer d'air.

Le chef de l'Administration pénitentiaire consulta **ses règlements** et acquit la certitude qu'ils **s'opposaient** absolument **à ce qu'on exposât les forçats au soleil** pendant les heures dont il était question. Il crut donc de son devoir de refuser ses hommes pour une pareille besogne.

Mais *la santé publique était menacée*... La municipalité s'émut, insista, protesta, et le malheureux Gouverneur en fut réduit à requérir la troupe et **ce furent les artilleurs de la Marine que l'on exposa au grand soleil** (les règlements ne s'y opposent point pour

des hommes libres, des soldats) et auxquels on fit faire
le travail désagréable qui revenait si naturellement
aux forçats... *Ces messieurs,* forts de leurs règlements,
faisaient la sieste réglementaire *pendant que nos pauvres
soldats enlevaient les immondices* sous les ardeurs
caniculaires !

Et l'on chasse les honnêtes gens de nos Colonies
pour faire place aux colons pénitentiaires? Oui, c'est
après avoir rendu des services comme ceux que nous
venons de signaler, que les forçats ont, aux yeux de
l'Administration pénitentiaire, des droits acquis sur les
terrains de nos colonies ! On éloigne peu à peu, comme
à la Nouvelle-Calédonie, les colons libres pour leur
substituer des forçats en cours de peine... Cent dix
mille hectares des meilleures terres, sur une grande
partie desquelles des demandes ont été faites depuis
plus de huit années par la colonisation libre, ont été,
par le décret du 16 août 1884, définitivement sacrifiés
au gaspillage de la Pénitentiaire : *c'est le royaume du
Bagne.*

De plus, par ce fameux décret dont les auteurs se
retranchent derrière la loi de 1854 sans s'être préalablement assurés du véritable esprit de cette loi (bien
défini cependant par la commission même qui en a
présenté le rapport au Parlement), dont les auteurs ont
pris la responsabilité sans s'arrêter à la destination que
donne actuellement l'Administration du bagne colonial
au domaine pénitentiaire, sans s'émouvoir de cette
considération monstrueuse qu'une propriété accordée
à un forçat en cours de peine avec trente mois de

vivres, dotation en argent, hospitalisation, facilités
d'exploitation, etc. etc., n'est autre chose qu'une excitation au crime par l'appât d'une prime à laquelle ne
peuvent prétendre les citoyens honnêtes, par ce fameux
décret du 16 août 1884 l'État se déclare officiellement
propriétaire du domaine de la Colonie et du domaine
des indigènes Canaques au fur et à mesure de l'extinction de la race!

Quant à nous, *ce décret nous apparaît* non seulement
comme une violation du droit des gens, bien que
l'État se déclare seul propriétaire et que le Conseil
d'État l'ait confirmé dans cette prétention, mais aussi
comme une extrême maladresse : pour les indigènes, il
institue la rébellion en permanence ; pour la colonisation, il donne la prépondérance à l'élément pénal sur
l'élément libre!

En ce qui concerne les indigènes : il ne reste *aucun
doute aujourd'hui sur les raisons qui ont poussé les
Canaques à tuer trois cents Européens en 1878 ;* le chef
du Domaine de ce temps rognait incessamment depuis
1876 la propriété indigène; il refoulait sans scrupule
comme sans indemnité des tribus tout entières sur
les tribus voisines; il livrait ces territoires, si facilement conquis et où les malheureux propriétaires
laissaient les cases où ils étaient nés et les cimetières
où reposaient leurs ancêtres, à certains colons qui les
envahissaient immédiatement à l'aide de leur bétail,
foulant sous les pieds de leurs bœufs les plantations et
les ossements des générations vénérées par la race
autochtone...

L'indigène ne pardonne jamais à l'envahisseur; mais le Canaque de la Nouvelle-Calédonie, qui nous connaît mieux aujourd'hui, resterait définitivement notre ami si nous savions lui assurer le respect du territoire qui lui reste et qu'il appréhende incessamment de voir à nouveau envahir.

Nous traitions récemment cet intéressant sujet dans une conférence faite à la Société de Géographie de Paris, au nom de la Société française de colonisation, et nous disions notamment après avoir exposé l'état tout primitif dans lequel se trouvent encore les Canaques de la Nouvelle-Calédonie:

Tel est l'état actuel des peuplades indigènes au milieu desquelles vivent nos compatriotes aux Nouvelles-Hébrides et en Calédonie.

Et cette situation doit être, pour beaucoup, un sujet de triste étonnement, car, depuis quarante ans et plus, les missionnaires catholiques et protestants catéchisent, et, depuis trente ans passés, nos commerçants et nos colons fréquentent et peuplent ces rivages.

Est-ce donc que la sauvagerie native soit indomptable? Est-ce parce que les instincts féroces que nous connaissons à cette race ne sauraient être adoucis par le frottement de notre civilisation? Est-ce enfin, comme on se plaît à le répéter, parce que cette civilisation corruptrice achève de perdre ces malheureux?

Rien de tout cela, selon moi. J'ai passé près de douze années complètement isolé avec ma famille dans l'intérieur de la Nouvelle-Calédonie, complètement à la disposition des tribus nombreuses et remuantes qui m'entouraient; j'ai donc pu étudier leurs mœurs, et je crois aujourd'hui bien les connaître.

Eh bien! le Canaque respecte et écoute celui qui ne convoite pas son bien et respecte son territoire. Du jour où il sera garanti contre tout envahissemement, ce grand enfant de la nature viendra franchement à nous et se civilisera rapidement.

Lorsque le *D'Estrées*, navire de l'État, vint me prendre au fond de la magnifique baie où j'avais passé tant d'années si calmes, au milieu des sauvages, les officiers purent voir, sur le rivage, des centaines de Canaques, leurs chefs en tête, se pressant pour me faire leurs adieux, me recommandant un prompt retour et me priant de ne pas oublier de demander pour eux, au grand Chef (Président de la République), des papiers qui leur assureraient comme aux Blancs la propriété de leurs terres.

Ce n'est pas sans émotion, que je vous parle aujourd'hui des démonstrations touchantes de ces pauvres diables au moment de mon départ ; et, certes, leur prière pour moi était sacrée, et j'y donnai suite dès mon arrivée en France.

Voici le rapport que j'adressai à ce sujet à l'amiral Peyron, Ministre de la Marine, et dont je vous demande l'autorisation de lire un court passage :

« Aujourd'hui, Monsieur le Ministre, ma longue expérience d'une race au milieu de laquelle j'ai vécu me permet de vous affirmer que nous n'aurions plus rien à redouter des Canaques de la Nouvelle-Calédonie si nous les garantissions contre toute tentative du genre de celle de M. B*** ; en un mot, si nous les rendions définitivement propriétaires des réserves qu'ils occupent actuellement au simple titre d'usufruitiers temporaires ; et ce serait par un acte de pure justice que nous nous attacherions enfin cette race, qui, malgré tout, a des qualités et peut se perfectionner.

— Donner à chaque indigène, comme on le donne à chaque colon, un titre de propriété pour les immeubles dont il jouit sur le territoire commun, telle est, selon moi et beaucoup d'autres, Monsieur le Ministre, la meilleure solution de la question si grave qui nous occupe.

Les résultats d'une pareille détermination, si elle était exécutée avec conscience, avec impartialité, avec tact, par des agents sérieux, connus et possédant la confiance des indigènes, seraient considérables; l'influence des chefs recevrait un coup fatal; chaque titulaire, sûr de son avenir et de celui de sa famille, s'attacherait à la main qui lui aurait fait cette sécurité; et nous aurions des amis, des alliés dans ces hommes qui ne peuvent être actuellement qu'à l'état de défiance perpétuelle à notre égard.

Chaque propriétaire, intéressé à tirer parti d'un sol qu'on ne pourrait désormais lui enlever, mettrait ce sol en état de lui produire ce bien-être qu'il envie aux blancs, ses voisins, et la colonie en prendrait un nouvel essor; il en résulterait aussi, pour les indigènes, des habitudes de stabilité qui leur permettraient de se plier plus facilement à nos mœurs, aux exigences de notre législation.

Tout propriétaire pouvant disposer à sa guise de sa propriété, dans la mesure légale, il arriverait que les pères de famille, les hommes laborieux conserveraient avec soin les droits que l'État leur aurait cédés; les autres céderaient ces droits en tout ou partie à la colonisation, qui s'étendrait ainsi sur un excellent territoire et acquerrait du même coup la main-d'œuvre tout acclimatée des nouveaux prolétaires.

Ici se place la seule objection qui ait été faite contre ma proposition : certains Européens, dit-on, peu scrupuleux de leur nature, profiteront du caractère enfantin des Canaques pour leur enlever leurs propriétés à des conditions ridicules : à l'aide de l'ivresse, on pourra les dépouiller de leur terre en échange d'un dollar ou d'une pipe de tabac! Il est à remarquer que ce sont les blancs qui jouissent le plus facilement du territoire indivis des indigènes, qui, seuls, ont formulé cette objection : ce sont les pères Maristes qui, toujours unis aux chefs, perdraient par conséquent comme ceux-ci à l'émancipation de la race!

Cette objection n'a qu'une valeur apparente et disparaît totalement devant un règlement d'administration locale qui établira les dispositions et conditions à respecter dans les contrats de l'espèce : un minimum versé devant l'autorité, des délais de réflexion entre la promesse de vente et l'époque de la passation de l'acte, etc.

MONSIEUR LE MINISTRE,

J'ai l'honneur de vous proposer, comme conséquence des considérations et observations qui précèdent, d'appliquer à tous les indigènes de la Nouvelle-Calédonie et dépendances la législation domaniale locale en vigueur, avec réserve que des titres définitifs leur seront immédiatement accordés après délimitation, sans redevances d'aucune sorte, si ce n'est la prestation en nature pour les routes, et sans impôt foncier pendant une période d'années à déterminer.

C'est, Monsieur le Ministre, avec la conviction profonde que cet acte de justice produira les meilleurs résultats tant au point de vue de la civilisation de la race canaque qu'à celui de la sécurité définitive de la colonie qui m'a honoré de sa confiance, que je formule ma proposition et que je vous supplie de vouloir bien l'examiner avec tout l'intérêt qu'elle comporte.

Moyens administratifs

Classement des indigènes parmi les colons ; titres de propriété des terres dont ils ne sont actuellement considérés que comme usufruitiers temporaires ; inscription des indigènes à l'état civil ; instruction primaire gratuite et obligatoire ; prestations en nature sur les voies publiques comme unique impôt. »

Dans ces conditions, on conçoit combien le décret du 16 août 1884, qui laisse le domaine indigène à la disposition de l'État, peut nous être préjudiciable. D'un jour à l'autre il peut surgir un chef du domaine du tempérament de celui qui nous a valu les représailles épouvantables de 1878. Et si c'est dans l'intention de livrer peu à peu le territoire indigène — le meilleur de l'île — à l'élément pénal, que le décret réserve ce territoire, le mal sera pire encore, car le Canaque aura les mêmes craintes et les mêmes griefs, et, de plus, les condamnés resteront maîtres de la situation car les terres en question occupent à peu près toute la zône maritime qui fait ceinture à la Nouvelle-Calédonie.

~ Aussi, c'est bien pénétré des fâcheux inconvénients de ces tristes mesures que nous sommes revenu à la charge auprès du Ministère, en décembre 1885, et dans les termes suivants :

MONSIEUR LE MINISTRE,

Par décision en date du 29 septembre 1885, un service du domaine de l'État ayant été institué en Nouvelle-Calédonie, et le directeur de ce service ayant été installé, il ne saurait y avoir désormais aucun doute sur la détermination bien arrêtée, de la part du Département, de donner au décret du 16 août 1884 la suite qu'il comporte et de procéder à son application

Pour toutes les personnes qui connaissent la Nouvelle-Calédonie, l'exécution des dispositions du décret du 16 août doit consommer la ruine définitive de la colonisation libre dans cette colonie, dont le territoire arable, très limité, ne saurait servir de théâtre à l'application de la loi de 1854 sur la transportation, dans les conditions prescrites par cette loi.

Le décret du 16 août, en accaparant tout ce qui reste de terre cultivable en Nouvelle-Calédonie, au bénéfice de la colonisation pénale, arrête du même coup le développement de la colonisation libre, développement dont la loi de 1854 elle-même fait une nécessité inéluctable, puisqu'elle veut que le *condamné, régénéré* par le travail *moralisateur de la terre*, puisse se retremper, se réhabiliter, se refaire homme par le contact d'une population libre, *nombreuse, puissante*.

Dès que j'eus connaissance des projets du Département

14

l'égard du Domaine de la Nouvelle-Calédonie, je m'empressai, Monsieur le Ministre, de remettre à M. l'amiral Peyron, votre prédécesseur, un rapport détaillé sur la situation du bagne à la Colonie et sur l'inopportunité d'augmenter encore par une mesure funeste, fatale pour l'avenir du Pays, le véritable gâchis où s'embourbait l'Administration pénitentiaire coloniale.

Je disais dans ce rapport, Monsieur le Ministre, que l'Administration pénitentiaire de la Nouvelle-Calédonie gaspillait les terres dont on prive la colonisation libre, au bénéfice surtout de forçats en cours de peine, qui tranforment rapidement les pénitenciers agricoles en cloaques immondes d'où fuit tout élément, non encore complètement avarié, aussitôt que les règlements le lui permettent! Je disais que l'accaparement des terres, au profit des condamnés en cours de peine, après quatre années de bagne seulement (fussent-ils condamnés à perpétuité pour les plus ignobles forfaits), est une honte pour l'humanité, car l'État ne peut offrir aux honnêtes citoyens malheureux la position de propriétaire-rentier que fait chaque jour aux plus tristes scélérats l'Administration pénitentiaire de la Nouvelle-Calédonie!

Et si vous vouliez avoir des exemples, Monsieur le Ministre, je pourrais vous faire l'historique des quatre cinquièmes des concessionnaires des pénitenciers agricoles de la Nouvelle-Calédonie, je pourrais vous lire les abominables documents fournis par un procès (célèbre à la colonie), intenté par des condamnés mêmes, ou à leur instigation contre l'un des fonctionnaires de l'Administration pénitentiaire, l'inspecteur Bascans... Ce procès, à lui seul, prouve surabondamment la stérilité de l'action de l'Administration pénitentiaire, son danger même, puisqu'elle détient les meilleures terres de l'île, puisqu'elle obtient encore de l'État un territoire immense où elle enfouit chaque année des millions et que, sous sa direction, ces domaines se transforment en vastes bourbiers malsains où tous les vices et tous les crimes surnagent, étouffant régulièrement tout effort, toute tentative honnête!

... La Colonie avait donc quelque raison, Monsieur le Ministre, de s'émouvoir à l'occasion d'un décret qui vint subitement lui arracher tout ce qui lui restait de bonne terre à la disposition de la petite colonisation libre — la seule qui travaille le sol et qui peuple — pour livrer ces terres à des monstres comme celui dont je viens de tracer la hideuse existence. Il n'est pas possible qu'une population honnête et patriote comme celle de la Nouvelle-Calédonie puisse voir sans une douleur amère l'Administration de la Mère-patrie fermer les portes du territoire aux colons libres pour les ouvrir à deux battants aux *Devillepoix* et aux *Fenayrou* des bagnes.

La Colonie a protesté et proteste encore, Monsieur le Ministre, contre un décret qui réserve nos meilleures terres et les seules qui nous restent, pour les donner en prime aux scélérats des cours d'assises, alors que le Français, honnête et malheureux, victime d'une situation économique déplorable, n'a point droit à la même faveur; en un mot, *les colons de la Nouvelle-Calédonie ne comprennent point qu'on les dépouille pour un pareil usage!*

Et non seulement cent dix mille hectares sont prélevés sur le domaine public pour l'usage que je viens de dire, mais ils sont prélevés, pour bien des parties, *en violation de droits acquis et parfaitement justifiés.*

En ce qui concerne les mines situées sur ce territoire, l'Administration va-t-elle exclure tous les découvreurs dont les droits n'auraient pas été parfaitement établis par des actes authentiques... alors que l'Administration du domaine n'a jamais été en mesure, par disette d'argent ou autrement, de délimiter et de régulariser les demandes?

A-t-elle la prétention de ne pas donner suite aux demandes de concessions faites régulièrement et selon la législation locale en vigueur, antérieurement au décret du 16 août 1885 — et datant de quatre, cinq et six années?.

A-t-elle la prétention de déposséder les indigènes qui ont la mauvaise fortune de se trouver entre les lignes tracées sur la carte de l'Administration pénitentiaire, quitte à les refouler sur les tribus voisines; comme si un homme, quel qu'il soit, peut être chassé de la terre où il est né et où est mort son père sans nourrir dans son cœur la haine de la race qui le spolie et mettre un jour au service de cette haine, si motivée, les moyens de vengeance facile dont il dispose ? Souvenons-nous des massacres de 1878 (1)!

J'ai chez moi, Monsieur le Ministre, un indigène qui, actuellement, est tout dévoué à la France ; si, pendant son absence, l'Administration pénitentiaire lui prend sa terre et son village, que pensera-t-il de nous et que fera-t-il en rentrant sur le territoire de ses frères et de ses ancêtres, en le trouvant occupé par un détachement de forçats ?

C'est donc sous l'influence d'une véritable douleur, Monsieur le Ministre, que j'écris ces lignes dont je vous prie de me pardonner l'aigreur en considération du sentiment même qui me les dicte. Mais il me reste le ferme espoir que l'Administration centrale reconnaîtra les inconvénients de la mise en concession des condamnés en cours de peine et prononcera l'abrogation du décret du 16 août. La main-d'œuvre pénale doit, en effet, rester

---

(1) Le Décret du 16 août 1884, en outre des 110,000 hectares, réserve à l'État le droit de s'emparer des terres des indigènes au fur et à mesure de l'extinction de la race.

Faisons remarquer ici que l'on consacre officiellement, par ce décret, une double iniquité : il indique d'abord clairement qu'aucun effort ne sera tenté pour arrêter cette extinction d'une race sur laquelle il compte ; puis, ensuite, il érige en principe, en loi, le dépouillement progressif des ayants droit de ceux qui vont s'éteindre.

Nous pensions que le droit de conquête, admis, paraît-il, par les nations civilisées, s'arrêtait à la période d'envahissement... mais ne pouvait humainement poursuivre la race conquise jusqu'à l'extinction de son dernier individu.

Le décret du 16 août est la preuve incontestable que notre raisonnement était une erreur :

M. A. a quatre enfants et une propriété de deux cents hectares ; il laissera donc, selon les règles successorales généralement admises en France, cinquante hectares à chacun de ses successeurs. Mais l'un de ces derniers vient à mourir, et immédiatement l'État, armé d'un décret du 16 août quelconque intervient et dit : — Vous n'avez plus que trois enfants et, par conséquent, cent cinquante hectares de terre vous suffiront, j'en enlève cinquante pour mes besoins particuliers !

On voit d'ici la figure du père et l'on comprend quelle serait l'attitude de la nation dont l'Administration jouerait ainsi avec la propriété foncière..... Eh, mais ce ne sont que des Canaques ! Des nègres océaniens, la belle affaire !...

L'État a, sans doute, des raisonnements qui étouffent ses scrupules ; quant à nous, nous avouons que ces procédés nous paraissent monstrueux au point de vue du droit et de la moralité et fort dangereux à celui de la prudence.

acquise aux travaux d'utilité publique, comme le veut la loi, et la mise en concession doit constituer une exception, non une règle qui en ferait une prime dangereuse.

Je crois donc exprimer ici, Monsieur le Ministre, l'opinion de la grande majorité des colons libres de la Nouvelle-Calédonie en demandant l'abrogation du décret du 16 août 1884, relatif à l'agrandissement du territoire pénitentiaire, ou tout au moins la discussion de ce décret devant le Conseil supérieur des Colonies.

A propos de la création d'une Direction du Domaine de l'État à la Nouvelle-Calédonie, je dois également vous rappeler, Monsieur le Ministre, que le Gouvernement local a reçu du Département l'ordre formel d'établir une classification des terres en friche de la Colonie ; Monsieur le Sous-Directeur des Colonies ayant émis incidemment l'avis, au cours de la discussion du projet de Conseil général de la Nouvelle-Calédonie qu'un impôt sur les terres en friche soit proposé prochainement, je ne saurais douter que cet ordre formel de classification ne soit relatif à cet avis de de M. le Sous-Directeur.

Or, Monsieur le Ministre, les terres en friche de la Nouvelle-Calédonie servent de pâturage au bétail, dont l'élève, jusqu'à ce jour, a constitué la ressource principale de la colonisation. Serait-il sage, serait-il prudent, au moment même où l'Administration centrale en ordonnant l'adjudication de la fourniture de viande dans des conditions nouvelles, vient d'obtenir cette fourniture à un prix tel que cette branche d'industrie se trouve, de ce fait seulement, déjà compromise, serait-il prudent et équitable de la frapper encore par une imposition sur les pâturages ?

Si, par cette mesure, on a seulement en vue de contraindre les colons à étendre leurs cultures, il faudrait alors, Monsieur le Ministre, leur créer préalablement des débouchés nouveaux et assurés ; et, à ce sujet, je puis vous faire remarquer que l'Administration pénitentiaire elle-même, avec tous les moyens dont elle dispose, ne peut répondre de l'écoulement des produits de ses pénitenciers agricoles ; les derniers et stériles efforts du célèbre syndicat de Bourail pour placer ses maïs sur le marché de Nouméa en sont la preuve.

Un impôt sur la terre en friche, dans la situation actuelle de la Colonie, après toutes les calamités qu'elle a dû supporter, serait assurément un coup mortel que le Département, prévenu et bien renseigné, voudra lui éviter.

Tout au contraire, Monsieur le Ministre, loin de frapper à nouveau cette grande industrie de l'élevage à laquelle notre Colonie du Pacifique seule peut se livrer, parmi toutes les Colonies françaises, il nous semble que la Métropole aurait un intérêt direct à la ménager, car elle peut aujourd'hui contribuer pour une part à la fourniture des conserves dont ont besoin la Marine et l'Armée, fournitures demandées jusqu'à ces derniers temps presque exclusivement à l'étranger.

Si, alors que nous avons les moyens sérieux de diminuer les importations de l'étranger, nous nous ingénions, par des taxes et des mesures inopportunes, à rendre impuissantes les industries qui nous fournissent ces moyens, il est bien certain, Monsieur le Ministre, que le commerce français ne pourra sortir de la crise qu'il traverse, et que nos colonies resteront indéfiniment dans l'état de sommeil et de souffrance dans lequel, et pour des causes diverses, elles sont malheureusement plongées.

Je suis fondé à croire, Monsieur le Ministre, qu'au lieu de songer à imposer les pâturages de la Nouvelle-Calédonie, l'Administration centrale serait bien inspirée de favoriser, dans cette Colonie, l'établissement de fabriques de conserves en assurant à ces fabriques une part avantageuse dans les fournitures des services publics.

Un dernier point sur lequel je désire appeler votre attention, Monsieur le Ministre, est la nécessité, pour la Métropole elle-même, de créer à Nouméa un port sérieux avec warfs pour faciliter l'accès à quai des navires de tout tonnage, avec bassin de radoub et chantiers de construction, ateliers, etc. Il n'est que trop certain qu'un navire ayant des avaries majeures dans les parages de notre Colonie est perdu sans ressources, faute de l'outillage pour le réparer.

Je dois vous rappeler à ce sujet, Monsieur le Ministre, que la France entretient à la Colonie une main-d'œuvre forcée considérable dont on n'a jusqu'ici guère tiré parti, et qu'il serait tout au moins rationnel d'utiliser aux travaux publics, comme le veut l'article 2 de la loi du 30 mai 1854.

La ville de Nouméa se dispose à contracter un emprunt de « un million de francs » pour terminer ses travaux de voirie, etc., et le Conseil général vient de décider que la garantie de la Colonie serait offerte pour cet emprunt; les pièces relatives à cette affaire ont été déposées au Ministère, et je vous prie, Monsieur le Ministre, de vouloir bien, le cas échéant, prêter aux négociateurs l'appui du Département.

La réalisation de cet emprunt par la ville de Nouméa, dont les ressources propres sont déjà considérables, donnerait une plus-value nouvelle à la localité, et les travaux de la municipalité, marchant de concert avec ceux du port lui-même effectuées par l'État, constitueraient un ensemble des plus utile et des plus avantageux pour l'État comme pour la Colonie.

La découverte du charbon à proximité même du port, assure d'ores et déjà le fonctionnement à bon compte de toutes les machines nécessaires à l'exécution des travaux projetés, et bientôt, croyons-nous, l'approvisionnement des paquebots et des navires stationnaires de l'État.

Veuillez, Monsieur le Ministre, me permettre de terminer ce rapport sur la situation de notre grande colonie du Pacifique par quelques appréciations au sujet de la sécurité des colons en présence des bagnes et des indigènes.

Dans un précédent rapport, adressé à votre prédécesseur, en date du mois de juillet 1884, j'avais l'honneur de lui proposer quelques mesures administratives et quelques dispositions militaires à l'égard de l'élément canaque, ces dernières en prévision aussi d'un mouvement possible de l'élément pénal.

Les derniers courriers de la Nouvelle-Calédonie qui tous

signalent l'attitude louche de certaines tribus, viennent affirmer la valeur des conclusions du rapport dont il vient d'être question ; et je pense qu'il serait prudent tout au moins, Monsieur le Ministre, en présence d'une population rurale absolument à la disposition des tribus de l'intérieur, non seulement de maintenir les fortins déjà créés, mais aussi et surtout d'en doubler les effectifs de manière à disposer constamment de colonnes mobiles dont les tournées maintiendraient les Canaques en respect.

Les tournées militaires sérieuses et répétées, avec exercices à feu, etc., sont, selon nous, indispensables et produiraient un excellent effet, en rassurant les uns et en retenant les mauvais instincts des autres. Il serait bon et prudent également, de donner aux indigènes des titres de propriété les garantissant contre tout empiétement nouveau de notre part sans leur consentement formel, afin de leur donner cette confiance dont ils manquent à notre égard. Cette mesure, Monsieur le Ministre, serait le point de départ de la civilisation de ces peuplades, qui ne demandent qu'à venir à nous lorsqu'on leur aura assuré la propriété de leurs terres et la participation au bénéfice de nos lois.

Veuillez agréer, etc.

Nous avons dit que, en ce qui touche les indigènes, le décret du 16 août 1884 instituait la rébellion en permanence, et nous venons d'établir pourquoi ; nous avons dit également que ce fatal décret assurait la prépondérance de l'élément pénal sur l'élément libre, et la chose n'est que trop évidente ; en effet, quatorze mille condamnés, en cours de peine ou libérés, sont actuellement fixés en Nouvelle-Calédonie où nous ne comptons guère encore que quatre mille personnes libres d'origine européenne ; c'est-à-dire que déjà l'élément pénal est trois fois et demie aussi nombreux que celui qui, d'après les principes de la loi de 1854, devrait le dominer... Mais, supposons maintenant l'établissement de milliers de ménages de condamnés sur les cent dix mille hectares de l'Administration pénitentiaire, et, bien que ces ménages soient généralement peu prolifiques, on reconnaîtra que la population libre ne pourra jamais arriver, sur cette terre restreinte, à tenir tête à l'autre par le nombre.

Non seulement cet élément pénal ne pourra se fondre dans l'élément libre comme il le faudrait pour que le forçat, corrigé et repenti, puisse espérer faire oublier son ancienne personnalité et créer souche nouvelle, mais encore l'élément libre tremblera constamment devant l'origine et le nombre des libérés! Est-ce donc là le but final que la loi se propose et que doit rechercher la société?

Eh bien! donc, il ne faut pas continuer dans une voie pernicieuse et dont nous connaissons le danger; mais bien plutôt reconstituer sur d'autres bases *cette Administration pénitentiaire qui s'est érigée en État dans l'État, et qui, loin de punir le crime, semble* prendre à tâche de *l'encourager.*

Est-il admissible, d'autre part, qu'avec une véritable armée de quatorze mille travailleurs forcés qui lui enlève chaque jour une portion de son territoire, la colonie reste sans ports, sans docks, sans bassins de radoub, sans warfs, sans quais, sans routes, sans ponts, etc. etc.? Est-il tolérable qu'à la Guyane comme à la Nouvelle-Calédonie, les *forçats passent leur temps à ne rien faire,* sinon à se moquer impudemment de la société, assez folle pour sacrifier sa sécurité au bien-être de ses plus terribles ennemis? Verra-t-on plus long-temps le colon honnête succomber à la tâche à côté du forçat vivant paisiblement des rentes que lui vaut son crime?

Il faut d'abord se résigner, tout en restant humain, à ne *plus faire de sensibleries* ; il faut ensuite songer à protéger et à *soutenir les honnêtes gens avant les criminels et surtout contre les criminels;* il faut refaire des bagnes qui inspirent la terreur et maintiennent en respect le criminel au lieu d'exciter son envie; il faut que le pénitencier soit un établissement de répression et non une maison de campagne où l'on place les plus grands scélérats en villégiature; il faut qu'un forçat estime sa situation comme inférieure à celle d'un soldat français et moins agréable que celle d'un bon fermier de Beauce ou de Normandie; il faut enfin que la répression redevienne effective et que le criminel, en entendant le Juge prononcer la condamnation aux travaux forcés ne soit plus tenté d'éclater de rire ! Puis, après, nous songerons à la colonisation pénale.

––––––––

CHAPITRE XIV

Actuellement, dès leur arrivée à la Colonie, les forçats, débarquant du transport qui les amène de France, sont immédiatement expédiés sur les travaux, en pleine campagne, loin des établissements pénitentiaires. C'est ainsi que vingt-cinq forçats débarqués du *Navarin* le mercredi 6 janvier 1886, étaient dirigés sur le mont d'Or le lundi suivant 11 janvier. Selon nous, ce système est déplorable.

Les surveillants qui ont fait la traversée avec les convois de forçats ne sauraient les connaître ni les apprécier ; le faible temps écoulé, pas plus que la vie du bord, n'ont pu permettre aux chefs d'étudier suffisamment le tempérament de ces hommes, et nous n'admettons pas, du reste, que ce puisse être simplement sur les renseignements fournis par un surveillant militaire, quelle que soit d'ailleurs sa valeur, mais souvent tout nouveau dans le service, qu'il soit possible de les juger et de les classer dès leur arrivée. Or, il importe que le triage s'opère, et sérieusement, avant la mise sur les travaux.

Nous n'avons pas besoin de répéter ici ce que chacun

sait, c'est-à-dire que parmi tous ces malheureux il en est qui, frappés par la loi à la suite d'un mauvais coup, ne sont cependant pas foncièrement pervertis et restent susceptibles de revenir au bien par le repentir et le travail... A ceux-là, il importe de ne pas enlever toute possibilité de régénération, et il est de toute nécessité de les placer — dès le début — dans un milieu où ils puissent conserver les bons sentiments qui leur restent. Aussi, envoyer dès leur débarquement une bande de vinq-cinq hommes sur un point donné pour y travailler et y cohabiter définitivement ensemble, c'est exposer dix de ces malheureux peut-être à la corruption des quinze autres, c'est-à-dire à une perte définitive.

La corruption au bagne est irrésistible; il faut devenir mauvais ou mourir. Le Sous-Directeur de l'Administration pénitentiaire que nous avons déjà cité parle d'un vieillard qui voulut résister et qui, à moitié fou de douleur, succomba à la peine. Dans une chambrée ou dans un camp, vingt ou trente misérables accablent perpétuellement de quolibets infâmes le pauvre être qui se sent faible et isolé au milieu de ces forcenés; s'il travaille, il est couvert d'injures, car il sert de repoussoir à la paresse des autres... On lui vole ou on lui déchire ses hardes, on lui vole ou on lui souille sa pâture, on lui cache ou on lui perd l'outil dont il est responsable et on lui joue, à chaque instant, sous les yeux, les scènes d'immoralité les plus révoltantes! Voilà l'existence réservée à celui qui s'obstine à *ne pas faire comme les camarades*... La grande partie ne peut résister et se laisse entraîner; pour les autres, le bagne est pire que l'enfer; leurs facultés ne tardent pas à s'émousser et ils succombent lentement dans des souffrances morales atroces!

Ah! quel rôle magnifique est réservé à l'Administrateur qui comprendra toute la grandeur de sa mission et aura la force d'âme suffisante pour vouer son existence à la réforme du bagne... On a beaucoup admiré l'abnégation des Missionnaires s'aventurant au milieu de peuplades sauvages et s'estimant heureux de pouvoir sauver un indien de l'enfer au prix de leur vie même! Mais que ne devrait pas l'humanité à l'homme assez habile et assez dévoué pour se sacrifier à l'œuvre difficile, ardue, mais sublime de la régénération du criminel! Nous avons eu le saint Vincent de Paul de la pauvre enfance, aurons-nous jamais celui des malheureux coupables?

C'est assurément des débuts dans la vie du bagne que dépend l'avenir du condamné; ce point de départ mérite donc à tous égards de fixer l'attention de nos administrateurs. C'est au début que le forçat doit être l'objet de la plus sérieuse surveillance et d'une observation de chaque instant; pour cela il est indispensable qu'il reste à la portée d'observation du Directeur et des principaux fonctionnaires de l'Administration pénitentiaire. Classé, dès le jour de la condamnation, d'après la nature du crime et la gravité de la peine prononcée, il devra n'avoir aucune communication avec les forçats d'une autre catégorie et être employé, dès son arrivée à la Colonie et pendant une année au moins, à des travaux spéciaux, dans des établissements particuliers, situés à proximité du pénitencier de l'île Nou, dans les conditions les plus favorables à une surveillance incessante, de jour et de nuit.

A lire les rapports officiels, on serait tenté de croire que rien n'est négligé en vue d'un triage judicieux des condamnés; mais lorsqu'on a vu de près la vie du bagne, on est fort surpris des mesures puériles, naïves, ridicules, dont se contentent les réglements. Nous ne voulons citer qu'un trait qui pourra montrer ce que l'on entend par isolement dans l'Administration pénitentiaire et permettre d'entrevoir ce que valent d'autre part les divisions par catégories. (Voir notice 1882-1883, page 203.)

Le titre Ier, § 4, du décret du 18 juin 1880, porté que les condamnés de la 4e classe sont astreints au silence et isolés la nuit.

Le silence est imposé aux condamnés de la 4e classe toutes les fois que l'observation de cette prescription est rendue possible par leur concentration sur un même point.

En ce qui concerne l'isolement de nuit, il doit être appliqué aux condamnés de la 4e classe de la manière suivante :

Les couchettes des transportés seront isolées les unes des autres par des cloisons placées de chaque côté, à demi-hauteur de la salle, entre le plancher et le plafond, mais non reliées entre elles.

N'est-ce pas admirable ?

Un passage sera réservé entre les deux rangées de lits, de manière à faciliter la surveillance qui doit être faite pendant toute la nuit par les surveillants de garde.

Cette disposition bizarre n'est même pas appliquée;

nous avons vu des compartiments de 4ᵉ classe absolument ouverts, où les forçats étaient absolument
maîtres de leurs actions.

Lorsque la disposition des locaux ne permettra pas d'isoler les
transportés de la 4ᵉ classe, ainsi qu'il a été indiqué plus haut
(on appelle cela isoler ?) les condamnés de cette catégorie
devront être enfermés à part pendant la nuit. (Signé : ROUVIER.)

Tout cela est absolument illusoire et ne pourrait,
du reste, se pratiquer avec quelque efficacité que dans
des constructions solides et disposées *ad hoc*, comme à
l'île Nou, mais non dans des campements toujours
provisoires composés de baraques légères ou simplement de paillottes qui se renouvellent au fur et à
mesure de l'avancement des travaux, surtout s'il s'agit
de routes.

L'Administration supérieure, en se contentant de
semblants de ce genre qui paraissent donner satisfaction à ses règlements, fait assurément de mauvaise
besogne et ne peut obtenir que de tristes résultats.
Nous prétendons que tout doit être sérieux au bagne
et n'admettons pas comme sérieux des règlements qui
parlent *de cloisons à demi-hauteur mais non reliées entre*
elles etc., pour isoler des forçats de la dernière classe !
Nous voulons simplement montrer par ce détail
combien sont peu effectifs *tous ces décrets et arrêtés qui*
remplissent les feuilles officielles et ne sont, en réalité,
que *des cloisons à demi-hauteur et non reliées entre elles !*

Et pourquoi ? Parce que ceux qui sont appelés à

dresser ces arrêtés, ces décrets, ne sont jamais sortis du fond de leurs bureaux et cherchent à mettre des rêves, de purs rêves, en application. Les trois quarts de ces décrets ne sont pas praticables et, lorsque, de la Colonie, le Gouverneur adresse quelque observation, on lui renvoie une dépêche ordonnant *d'appliquer quand même*, et l'Administration pénitentiaire, afin de séparer ses condamnés, leur fait gravement tendre des nattes pour isoler leurs hamacs !

Des puérilités de ce genre sont indignes d'une bonne Administration, et lorsque des condamnés aux travaux forcés, par suite d'actes bien établis, ont prouvé qu'ils étaient dangereux, il n'y a pas à faire dresser des demi-cloisons avec couloir central pour la surveillance, mesures coûteuses si elles sont bien exécutées, et toujours ridicules parce qu'elles ne peuvent rien garantir, on doit ferrer ces bêtes fauves pendant la nuit comme cela se pratiquait jadis pour toutes les classes., Et qu'on ne vienne pas crier encore à l'inhumanité ! **L'inhumanité consiste à laisser assassiner les honnêtes gens par les bandits !** Et il est temps de mettre un terme à cette inhumanité-là qui n'a que trop duré. Du reste, la boucle peut permettre au condamné de se retourner et de se reposer sans souffrance, elle peut être disposée de façon à n'être qu'une simple mesure de sécurité.

Il est impossible d'admettre (et c'est ce qui existe aujourd'hui) que trente à cinquante forçats des dernières classes, c'est-à-dire ce qu'il y a de plus méprisable et dangereux, soient laissés la nuit en pleine liberté, au milieu des stations isolées des colons, sous la garde d'un ou de deux surveillants au plus! *Et l'on avouera que s'il se commet des crimes, on fait tout ce qu'il faut pour en faciliter les tentatives.*

Ainsi, à leur arrivée à la Colonie, les condamnés devraient, selon nous, subir une période d'observation consciencieuse et suivie, de jour et de nuit, avec le plus grand soin, d'une année au moins. Dès les premiers mois, tous les récalcitrants seraient éliminés et immédiatement livrés aux travaux les plus durs, avec application du régime cellulaire, s'il y avait lieu. Chaque mois, les éliminations de ce genre reconnues nécessaires seraient opérées, et les meilleures natures seules resteraient sur les chantiers d'observation à la fin de la première année; c'est alors qu'il conviendrait de procéder au classement.

Nous ne voyons pas la nécessité d'une division en quatre ou cinq classes; c'est une complication inutile; trois classes peuvent suffire pour le bon fonctionnement des services. Dans la troisième, nous placerions tous les insoumis, les récalcitrants, les incorrigibles; dans la seconde, les tempéraments douteux; dans la première, tous les hommes de bonne volonté.

Entre les trois classes, jamais la moindre communication, le plus petit rapport; les chantiers seraient assez éloignés pour que les condamnés des différents groupes ne puissent jamais se voir ni s'entendre, afin d'éviter toute entente et tout embauchage d'aucune sorte; les hôpitaux eux-mêmes auraient des dispositions spéciales. Sur les points où les travaux nécessiteraient la présence de plus de trente forçats de la troisième classe, ou de cinquante de la seconde, ou de cent de la première, un poste volant de gendarmerie ou d'infanterie de marine serait établi pour soutenir la surveillance ordinaire, qui ne devrait jamais elle-même être inférieure à un surveillant pour vingt forçats au maximum dans les deux dernières classes et pour trente dans la première.

Les campements nécessités par les travaux de routes et autres travaux ruraux seraient toujours entourés d'un fossé formant limite, sur le bord duquel des sentinelles feraient bonne garde chaque nuit, avec ordres les plus sévères; tout condamné constaté hors des limites pendant la nuit encourrait un mois de cellule.

Les transports, service des vivres et matériel ne pourraient jamais s'effectuer en dehors des camps qu'à l'aide de la main-d'œuvre libre de façon qu'il ne puisse jamais s'établir de correspondance entre les condamnés des divers campements, et surtout afin que jamais un condamné quelconque, sous quelque prétexte que ce soit, ne puisse être rencontré sur les routes, sinon escorté par surveillant, gendarme ou soldats.

Aucun condamné d'aucune des trois classes ne serait détourné des travaux publics que pour cause d'insuffisance physique ou morale bien établie. *Un forçat doit faire des travaux forcés*, et non promener ses vices et ses turpitudes dans les bureaux, dans les jardins et cuisines des employés, dans les demeures des surveillants militaires, etc. La situation et les émoluments de tous les fonctionnaires doivent être

calculés de façon à ce que tous puissent vivre hono-
rablement sans être pour ainsi dire contraints d'avoir
recours aux services dangereux des forçats en cours
de peine. Il n'est pas possible non plus, en présence de milliers de libérés sans travail, d'hommes
libres ne trouvant pas à s'employer, que l'on place chez
les particuliers, des forçats en cours de peine; cet abus
doit être supprimé: un condamné aux travaux forcés
n'est plus aux travaux forcés, répétons-le à satiété,
lorsqu'il remplit chez un particulier quelconque les
fonctions de cuisinier, de palefrenier, de jardinier ou
de bonne d'enfants. Quant à l'agriculture, il serait bon
qu'un colon puisse, à un moment donné, obtenir une
corvée pour l'exécution d'un travail pénible de défri-
chement, de déblaiement ou de dessèchement; mais,
toujours en considération de la concurrence faite à la
main-d'œuvre des libérés et hommes libres, toujours
en considération *de la stricte exécution des travaux publics
et travaux les plus pénibles de la colonisation,* nous ne
pouvons admettre qu'un colon puisse avoir chez lui,
à demeure, un forçat en cours de peine... C'est un
détournement illégal d'une peine que le condamné a
méritée et doit subir. Quant aux grands travaux
d'agriculture que nous indiquons plus haut, ils con-
servent ce cachet de travaux les plus pénibles de la
colonisation et susceptibles d'être exécutés par groupes
de forçats, sous la surveillance habituelle et avec
application des règlements du bagne; ils peuvent être
l'exception à une règle qui n'en peut souffrir d'autres.

Tous les pénitenciers agricoles, toutes les fermes

modèles ou autres, doivent être supprimés et interdits à l'Administration pénitentiaire, qui doit rester exclusivement en face des travaux publics. Nous ne faisons exception que pour un vaste parc ou jardin *public* dans lequel seraient cultivées toutes les plantes susceptibles de végéter sous le climat de la Colonie et qui aurait pour annexes des pépinières où les colons trouveraient des spécimens soignés de toutes les cultures tropicales, des pépinières toujours pourvues de tous les plants qui pourraient leur être utiles.

Les transportés de première classe seuls entretiendraient cet établissement d'utilité publique, sous la direction supérieure d'un fonctionnaire spécial et d'agents coloniaux connaissant les cultures tropicales et capables d'en démontrer la pratique dans des cours ouverts aux colons de l'île.

Le budget sur ressources spéciales serait aboli comme une immoralité. La transportation a pour but d'abord d'éloigner les condamnés de la Métropole; ensuite d'exécuter les travaux publics dans la Colonie. Il n'y a rien de conditionnel dans les termes de la loi; la transportation n'a pas la faculté d'exécuter ou de ne pas exécuter les travaux; elle y est forcée par l'article 2 de la loi du 30 mai 1854, qui n'a rien d'ambigu. Il n'est donc pas admissible que la transportation prétende n'exécuter ces travaux que moyennant salaire; ce serait une condition qui permettrait de refuser la main-d'œuvre pénale à la Colonie dans l'impossibilité de la payer. (C'est ce qui se passe actuellement, et c'est la principale raison de l'inaction de la transportation;

c'est le prétexte à ne rien faire, et c'est pourquoi, après vingt ans et plus de transportation, rien n'a encore été fait de sérieux en Nouvelle-Calédonie ni à Cayenne.)

Ce ne sont plus des travaux forcés puisqu'on est libre de ne pas les exécuter lorsque les services publics ne sont pas en état de verser la somme fixée par l'Administration pénitentiaire. Cette condition de payement est donc une immoralité puisqu'elle rend l'exécution des travaux forcés conditionnelle, alors que la loi les impose comme une obligation.

L'État, qui veut débarrasser la Métropole de la présence dangereuse des condamnés, doit pourvoir à l'entretien de ses pensionnaires forcés qu'il est obligé de consacrer aux travaux d'utilité publique, tel est le principe; et il est bien évident que l'État sort de son rôle et s'expose à éluder la loi en cherchant à rentrer dans cette dépense obligatoire par une mesure qui aboutit fatalement à la non-exécution des travaux.

En supprimant tout l'appareil stérile, inutile des agences de colonisation et de culture, tous les centres pénitentiaires agricoles, on réalisera une économie considérable qui vaudra plus à l'État que le triste budget sur ressources spéciales de la transportation.

Les travaux publics de la Colonie doivent être exécutés par l'Administration pénitentiaire, de conserve avec les divers services coloniaux, sans condition pécuniaire, et rien ne saurait détourner la main-d'œuvre pénale tout entière de ce but prescrit par la loi jusqu'à la confection intégrale de ces travaux.

Nous voudrions voir d'abord l'armée pénitentiaire

construire le port de Nouméa, ses bassins de radoub, ses docks, ses quais et ses warfs, ses chantiers de construction, ses magasins, etc., puis la voirie de la ville, ses places publiques, ses égouts, ses promenades, etc., puis les routes des centres principaux à la mer et de Nouméa à ces centres, enfin, des ports de refuge sur les points principaux, des jetées de débarquement à tous les points d'atterrissage des paquebots et des caboteurs, etc... les monuments publics, les plantations, etc. etc. Car tout reste à peu près à faire.

Voilà pour ce qui concerne la période des travaux.

CHAPITRE XV

Mais nous avons dit que, contrairement à bien des auteurs, à certains économistes qui, d'après les résultats acquis, prétendent que cette colonisation est une utopie, nous avons dit que nous croyions jusqu'à un certain point à la possibilité d'une colonisation pénale.

C'est le second acte du drame de la transportation. Avec les procédés actuels, nous avons démontré qu'il n'y a pas de colonisation possible; nous avons dit que l'on sacrifiait la Colonie à une utopie; nous avons montré l'Administration centrale criant continuellement à l'Administration locale : Mais que faites-vous donc? Pourquoi temporisez-vous? Pourquoi ne mettez-vous pas, selon nos recommandations expresses, le plus de condamnés possible en concessions de terre?... Comme si ce gâchis par ordre pouvait aboutir à quelque chose d'utile et de bon; comme s'il suffisait, pour coloniser, de placer un assassin devant une charrue! Nous trouvons dans un journal de Nouméa, en date du 14 janvier 1886, les réflexions qui suivent et qui dépeignent parfaitement la situation actuelle de la colonisation pénale à la Nouvelle-Calédonie :

... Et d'ailleurs, supposons que l'Administration pénitentiaire établisse en concessions le plus grand nombre possible de condamnés. La colonisation sera-t-elle faite pour cela?

Non; la colonisation ne sera pas faite. Il suffit, pour en être convaincu, d'examiner ce qui s'est passé jusqu'ici dans les centres pénitentiaires.

Prenons Bourail, par exemple, le plus avancé de tous. Il serait curieux de rechercher combien de fois ces concessions ont changé de mains, avant de rencontrer un possesseur définitif. Il faudrait avoir la liste de tous les concessionnaires qui ont abandonné les terrains ou que l'Administration a dû déposséder au bout de quelque temps à cause de leur paresse, de leur inconduite ou même de leurs crimes. Il faudrait enfin pouvoir calculer le chiffre énorme des dépenses occasionnées par la création de de ce centre : avances de vivres pendant TRENTE-DEUX mois, soins médicaux, entretien des routes, transport des récoltes, etc. etc. L'Administration a eu beau prodiguer ses secours, le centre de Bourail n'est pas fait. Elle n'aurait qu'à en retirer sa main trop généreuse, tout cet échafaudage de colonisation factice s'écroulerait.

Nous savons qu'on a beaucoup médit en France de la colonisation libre. On a prétendu notamment qu'elle avait toujours été à la remorque de la colonisation pénale. Il suffit, pour donner le plus formel démenti à cette allégation, de citer d'abord toutes les tentatives faites par les colons libres pour l'exploitation de la canne à sucre. Si ces exploitations n'ont pas réussi, il n'en est pas moins vrai que la tranportation ne fait que glaner aujourd'hui dans les terres défrichées et mises en valeur par l'élément libre.

Et Moindou? et Canala? Nous serions curieux de savoir quelle part revient à l'Administration pénitentiaire dans leur développement. Ce sont des colons libres, ceux-là, ils n'ont pas eu besoin de se faire nourrir et héberger par l'État, pendant trente-deux mois; ils se sont tirés d'affaire tout seuls, en dépit des déboires et des vexations de toutes sortes que leur imposait le voisinage de la transportation.

Eh bien, qu'on mette en comparaison ces deux centres avec tous ceux de la transportation. Qu'on cherche dans toutes les concessions des hommes comme MM. Laurie et Evain, de Canala, comme M. Boyer, de Moindou!

Et quand ils existeraient, ils sont d'avance réduits à l'impuissance, parce qu'ils manquent de l'élément nécessaire à toute entreprise, le crédit, la confiance. Tel est, en effet, le vice radical de la colonisation pénale. Elle ne peut rien par elle-même.

Dites, par exemple, à la transportation de monter une compagnie par actions, de recruter des capitaux à l'étranger pour une grande exploitation industrielle ; cela lui est interdit.

La colonisation mixte, telle que la comprenait M. Michaux, est une utopie si l'on veut, mais elle a du moins un côté réalisable, car elle fait place à l'élément libre.

La colonisation exclusivement pénale ne sera jamais que le bagne, le bagne infâme, paresseux et ruineux.

(Indépendant.)

Nous sommes de cet avis, en le modifiant, cependant. Nous considérons comme possible la colonisation mixte à condition qu'il n'y entrera que l'élément pénal qui aura fait ses preuves dans les conditions développées dans notre travail, qui aura, par ses habitudes de travail, des moyens assurés d'existence et pourra, de ce fait, reconquérir sa situation de citoyen français, sa réhabilitation parfaite. (Nous ne parlons que du libéré bien entendu.)

Aussi la présence du libéré mauvais, fainéant, incorrigible, n'est pas possible sur le territoire consacré à la colonisation mixte; ce mauvais exemple, ce danger permanent doit être forcément relégué sur une terre à part.

Quant aux condamnés en cours de peine, quels qu'ils soient, nous n'en voulons à aucune condition comme colons, nous avons dit pourquoi, et nous n'avons plus à revenir sur ce sujet; nous ajouterons seulement que si l'on persistait dans cette voie l'on perdrait les condamnés eux-mêmes, la Colonie et peu à peu aussi la Métropole par l'affluence des bandits qui la ravageraient avec perspective d'une propriété pour punition !...

Après les travaux forcés, après la peine, le condamné arrivé à sa libération ou gracié, et qui aura des notes suffisantes, est le seul colon pénitentiaire que l'on puisse accepter. Alors il peut s'établir, se marier, appeler sa famille, et l'État a le devoir de lui prêter son aide et son concours; puis liberté entière sur le sol pénitentiaire et application de la loi commune.

Nous touchons à la fin de notre tâche.

Il nous était pénible de connaître la situation étrange que nous venons de dévoiler sans prévenir nos concitoyens du danger que laisse planer sur notre société entière la mollesse de l'Administration pénitentiaire dans la répression. *Nous n'avons rien dit de trop, reste à savoir si nous en aurons dit assez pour émouvoir l'opinion publique* et appeler l'attention de nos gouvernants sur l'opportunité de mesures sérieuses contre une situation pleine de périls.

Le danger est imminent, certes, puisque le plus infâme scélérat a motif pour rire lorsqu'il entend sa condamnation à mort ou aux travaux à perpétuité ; nous avons dit déjà que l'on a saisi des lettres de Calédonie dans lesquelles des forçats de Bourail disaient à leurs copains de Paris : — Mais que faites-vous là-bas ? si vous saviez comme l'on est bien ici, vous viendriez tout de suite !

Un ancien Gouverneur qui connaît Cayenne et Nouméa disait dernièrement devant nous : — Que l'on invente toutes les turpitudes possibles et l'on restera encore au-dessous de la vérité à l'égard de ce qui se passe dans l'Administration de la transportation !

Nous terminerons par la copie d'une lettre datée de novembre 1885, c'est-à-dire toute récente, qui nous est parvenue de Bourail, dont on peut contrôler les citations, qui nous montre que rien n'est changé et qui sera une dernière preuve de la nécessité absolue d'un changement radical dans la transportation.

Il s'agit du forçat Fréret, ancien caissier, condamné à vingt ans de bagne, croyons-nous, pour l'affaire de la Compagnie du Nord ; voici cette lettre :

« Vous vous souvenez qu'il fut fort question, il y a quelques années d'un établissement thermal très important qui devait se fonder à la baie de Prony. On annonçait, en effet, la prochaine édification d'un vaste hôtel contenant salons, bibliothèque, salles de bains et de jeux, d'un établissement en un mot où devait se trouver réuni tout le confortable imaginable. Cette vaste entreprise était due à l'initiative de M. Fréret, qui cherchait déjà, à cette époque, le placement rémunérateur d'une partie des millions de la Compagnie du Nord. L'œuvre fut abandonnée à la suite de l'assassinat du condamné Charpentier, architecte et ami de Fréret.

« Quelque temps après, l'arrivée de ce dernier était annoncée à Bourail par les condamnés Cameigts (1) et Chiron, mis en liberté *provisoire*. Ils s'abouchèrent avec divers commerçants de la place pour l'acquisition d'un fonds de commerce ; mais rien n'aboutit, le bailleur de fonds Fréret étant resté à l'île Nou. Il est bon de dire que le nommé Chiron a été condamné en même temps que Fréret et pour les mêmes motifs.

« Le maintien prolongé de Fréret à l'île Nou avait une raison : il y avait eu des projets d'évasion ; les préparatifs avaient été faits par un jeune homme venu d'Europe et qu'on disait être le fils de Fréret. La mèche fut éventée à temps. Ce jeune homme crut devoir se mettre prudemment à l'abri, et il est, depuis cette époque, en Australie, d'où il doit revenir incessamment.

« Fréret a été *mis récemment en liberté provisoire* et est arrivé à Bourail avec le sieur Lamy. Il s'est rendu directement et *librement* chez ce dernier où, depuis, il n'a cessé d'habiter. Ses *occupations consistent à boire, manger, dormir, se promener à cheval ou en voiture, et faire grand bruit d'une fortune colossale qu'il se dispose à faire fructifier à Bourail. Il est mis comme un parfait gentleman et on le prendrait bien plutôt pour le commandant du pénitencier que pour l'un de ses administrés.* Il promet d'acheter à peu près toutes les propriétés qu'on lui offre, mais il ne termine rien jusqu'à l'*arrivée de Mme Fréret, qui est attendue prochainement avec le magot considérable annoncé.* (C'est la réunion de la famille au condamné, prêchée par l'Administration.) Le fils Fréret attend en Australie le passage de sa mère pour revenir à Nouméa.

« Ce qui est positif, c'est qu'il y a une promesse formelle d'achat des concession et station du bétail du sieur Lamy (celui qui loge Fréret), moyennant la bagatelle de cent vingt-cinq mille

(1) Ancien chanoine, celui qui promenait son surveillant dans les cafés de Nouméa.

francs. Cette transaction doit se faire au nom et pour compte de Mme Fréret, dès l'arrivée de cette dernière à Bourail. Il faut, en vérité, que M. Fréret soit bien riche ou que l'argent lui coûte bien peu pour mettre pareille somme à des propriétés qui représentent à peine le tiers de la valeur qu'il consacre à leur acquisition.

« En attendant, M. Fréret, *qui possède évidemment de hautes protections, échappe à la loi commune*. D'habitude, les condamnés qui sont dans le même cas, attendent au camp le débarquement de leurs épouses, ou ils sont mis en concessions pour procéder à un commencement d'installation. *Pour M. Fréret, rien de pareil : il fait partie des condamnés du camp de Bourail, mais il est autorisé, par l'Administration supérieure s. v. p., à résider chez M. Lamy en attendant la réalisation des projets de vente dont les bases ont été convenues entre les parties intéressées et approuvées par M. le Directeur de l'Administration pénitentiaire.*

« Dans ces conditions, un homme quel qu'il soit est vite et solidement posé dans un pays. L'arrivée d'un correspondant ou d'un neveu de Rothschild n'aurait pas produit plus de sensation. On oublie promptement, surtout par le temps qui court, que ce Monsieur, fatigué des coups de chapeau qu'il reçoit, *sort tout fraîchement de l'île Nou* (le bagne central) *et qu'il y serait encore pour longtemps si une scandaleuse protection ne l'en avait pas fait sortir.*

« Mais que dirait donc M. le Directeur de l'Administration pénitentiaire si les projets d'évasion qui ont avorté naguère à l'île Nou venaient à réussir du côté de Bourail où une tentative de ce genre a mille chances de succès... Eh ! eh ! eh ! Qui vivra verra !

« M'est avis que Fréret, qui me fait l'effet d'être un malin, n'a pas encore servi à l'Administration pénitentiaire la dernière farce qu'il lui réserve.

« Et ce sera bien fait ! Agréez... etc. »

Voilà ce que l'on fait des forçats dans les colonies pénitentiaires.

Avis au Parlement, au Gouvernement, à la France entière.

———

DERNIER CHAPITRE

Les dernières lignes de ce livre étaient écrites lorsque les journaux de Nouvelle-Calédonie, par des récits navrants, vinrent nous démontrer que le gâchis pénitentiaire ne faisait que s'accentuer et prendre des proportions désastreuses. Toujours le même procédé de clémence à outrance à l'égard des plus dangereux et des plus vils scélérats ; des condamnés à mort et éternellement commués sont laissés en pleine liberté au milieu des brousses calédoniennes ; ils y pillent, assassinent et forment des bandes qui terrorisent la Colonie ! Et les malheureux surveillants militaires se débattent comme des héros, au milieu de cette tourbe à laquelle on livre le pays par suite de considérations humanitaires insensées et qui aboutissent finalement à des tueries abominables. Ces récits, qui sont l'histoire actuelle de la transportation aux Colonies, auront-ils assez d'éloquence pour convaincre enfin nos députés, nos sénateurs, notre gouvernement ?

Quant à nous, nous ne saurions mieux terminer la tâche que nous nous sommes imposée qu'en plaçant sous les yeux de ceux qui s'intéressent à ces graves questions de sécurité publique : 1° le récit d'un drame qui vient encore de jeter l'épouvante et le découragement parmi nos braves colons calédoniens et dans lequel un forçat, déjà condamné à mort, joue le premier rôle; 2° la lettre d'un surveillant militaire à l'un des journaux de Nouméa, lettre qui dépeint exactement et en termes convaincus une situation déplorable. Ces lignes sont comme le râle de la surveillance agonisante en face du parti pris de l'Administration pénitentiaire de tout sacrifier au système de régénération qu'elle exploite si étrangement aujourd'hui.

Ces documents établissent une fois de plus la nécessité de réformer le bagne, de prendre rigoureusement à l'égard des forçats les mesures qu'impose réellement le danger qu'ils font courir à la société.

Tentative d'assassinat sur le surveillant Olivieri (mars 1886).

Une tentative d'assassinat a été commise à Ouégoa sur la personne du surveillant Olivieri. L'enquête ouverte sur cette affaire a amené des découvertes d'une gravité particulière que nous sommes en mesure de faire connaître à nos lecteurs d'une façon assez complète.

La mine de la Mérétrice avait reçu un effectif de 50 condamnés qui devaient travailler à son exploitation.

La garde de ces condamnés avait été confiée à deux surveillants choisis parmi les meilleurs agents de la transportation, le surveillant de 1re classe Olivieri et le surveillant de 2e classe Villenet. Le premier remplissait les fonctions de chef de camp.

Le 3 février le surveillant Olivieri, se rendant à son gourbi, remarqua que le cheval qui servait au transport des vivres pour le camp n'était plus à la place où il était habituellement attaché.

— Il se mit à sa recherche et le retrouva attaché à dix mètres environ de son gourbi. Il remarqua que la corde avait été coupée avec un instrument tranchant; la chose avait donc été faite avec intention.

Il entra ensuite dans son gourbi et se baissa pour ramasser un poulet qui était mort devant la porte et qu'il voulait jeter dans la brousse. Il reçut alors sur l'épaule un coup violent qu'il attribua à la chute d'un arbre. Au moment où il relevait la tête, il reçut un deuxième coup. Il vit alors qu'il avait affaire à un condamné armé d'une hache; les coups n'avaient pas été fort heureusement assez violents pour le terrasser; mais il allait en recevoir un troisième, lorsqu'il se jeta instinctivement sur l'assassin et parvint à lui arracher son arme.

L'assassin, une fois désarmé, n'eut qu'à se laisser glisser dans la pente et il échappa ainsi aux regards du surveillant Olivieri.

Sur ces entrefaites, arrive le surveillant Villenet qui voit son collègue blessé et qui aperçoit l'assassin se dissimulant dans la brousse.

Villenet prend le fusil d'Olivieri et fait feu, mais les arbres l'empêchent d'atteindre le fuyard.

Nous croyons devoir dire tout de suite que le surveillant Olivieri ne voulut pas quitter son service pour se remettre de ses blessures et qu'il fut soigné sur place par M. Raymond, médecin de 1re classe, qui vint le voir avec M. Peignet, surveillant principal, chef du camp de Ouégoa.

Le surveillant Villenet était venu trouver son collègue Olivieri pour lui annoncer de son côté une grande nouvelle. Trois condamnés de son chantier venaient de s'évader. C'étaient les nommés Godebert, Gousset et Courtin. Ce dernier n'était autre que l'auteur de la tentative d'assassinat commise au même instant sur la personne du surveillant Olivieri. Courtin s'était évadé en emportant une hache qui devait lui servir à commettre son crime.

La veille, une première évasion s'était produite, celle de Quionvar, n° 16,348; on retrouvera cet individu plus loin; il y avait donc quatre évadés de ce camp qui battaient la campagne.

Ces évasions ne tardèrent pas à prendre des proportions encore plus sérieuses. Le 11 février, à cinq heures du matin, huit condamnés, les nommés Gééner, Mandé, Gobert, Gesselin, Grasse, Mathieu, Cordueil et Pelaud s'évadèrent après avoir volé les vivres de la Cambuse, ainsi que les armes et les munitions du surveillant Villenet. Bref, en quelques jours, le camp de la Mérétrice, composé de cinquante hommes, n'en avait plus que vingt-cinq ; tous les autres étaient partis.

Une battue fut aussitôt organisée par les indigènes de la tribu de Boudé que l'Administration pénitentiaire prit à sa solde pour la circonstance.

Les évadés, quoique nouveaux, avaient réussi à gagner les montagnes, et il fallut leur faire la chasse dans toutes les règles.

Le surveillant Villenet, indigné du vol dont il avait été victime, ne prit aucun repos avant d'avoir remis la main sur son voleur. Il le rencontra dans une gorge, muni encore de toutes ses armes dont il fut menacé. Il n'hésita pas alors à faire usage des siennes et tua raide le brigand.

Tous les évadés furent repris dans cette battue, à l'exception de Quionvar qui avait été arrêté précédemment près du camp par le surveillant Olivieri.

C'est par Quionvar, que l'on a connu la cause de ces évasions et le véritable projet des condamnés.

Ces individus n'avaient comploté rien moins que de tuer leurs gardiens et de gagner ensuite la montagne après avoir dévalisé le camp.

On devait se débarrasser d'abord du surveillant Olivieri, comme étant le plus expérimenté et par conséquent le plus difficile à surprendre.

Quant au surveillant Villenet, il devait être tué sur le chantier.

L'exécution du premier acte de ce drame avait été confiée au condamné Courtin. C'est ainsi que s'explique sa tentative sur le surveillant Olivieri.

Courtin devait se trouver dans le gourbi lorsque le surveillant s'est présenté. Celui-ci s'étant baissé à l'entrée, l'occasion était bonne pour frapper; l'assassin ne l'a pas manquée. Quant au cheval, il avait été détaché et rapproché du gourbi, parce qu'il devait servir à transporter le butin dans la brousse.

Courtin a été arrêté le 5 février à la Roche-Mauprat, par M. Equoy, propriétaire.

Ces malfaiteurs, au nombre de vingt-quatre, sont arrivés à Nouméa samedi soir, sur l'*Ocean-Queen*. Ils étaient escortés par les surveillants Olivieri, Villenet et Chevalier. Le premier peut à peine se servir de son bras gauche.

Toute la police indigène du chef-lieu avait été mise sous les armes pour recevoir ce convoi, qui a été conduit aussitôt au pénitencier-dépôt.

Tous les surveillants militaires du chef-lieu qui n'étaient pas de service étaient également venus au quai pour témoigner de leurs sympathies au surveillant Olivieri.

Voici les états de service de M. Olivieri, qui a failli devenir la victime de ces misérables :

Olivieri (Jacques-Antoine), né le 21 mai 1845, ex-sergent au 12e de ligne, 21 ans de service dont 12 dans le corps des surveillants militaires.

Sujet d'élite, proposé pour le grade de surveillant-chef, inscrit le troisième au tableau d'avancement, proposé pour la médaille militaire.

En voilà assez pour faire ressortir toute la gravité de ces attentats contre les surveillants militaires. Les meilleurs agents ne sont pas à l'abri des crimes tramés par les forçats. C'est au contraire contre eux que se dirigent d'abord les coups. Il faut aussi remarquer que *l'individu choisi pour frapper le surveillant Olivieri avait été déjà condamné à la peine de mort ;* on l'avait pris exprès.

Voici maintenant la lettre du surveillant militaire J. L. aux journaux de Nouméa, à la suite des faits ci-dessus et de l'assassinat du surveillant Lavergne commis quelques jours avant.

Monsieur le Rédacteur,

En donnant les détails de l'horrible assassinat dont le surveillant Lavergne a été victime, vous parlez d'une rumeur qui ferait supposer que la vie de cet agent aurait été jouée à l'écarté.

Vous ajoutez qu'il n'y aurait absolument rien d'invraisemblable à cela, et je suis de votre avis. Je suis moi-même surveillant militaire et j'ai plusieurs fois acquis la preuve que les forçats tiennent notre existence sur le tapis. Pour ce qui concerne le surveillant Lavergne, je puis vous assurer que mon malheureux camarade avait la conviction que sa vie avait été jouée.

Lorsque Lavergne revint de la brousse, j'étais à Nouméa. Le jour de son arrivée, il vint avec sa femme m'entretenir des raisons qui les obligeaient à rentrer. Je me rappelle parfaitement qu'il me dit alors : « Je sais que les forçats ont joué ma vie à l'écarté ; j'ai besoin de me tenir sur mes gardes. » Ce sont ses paroles textuelles. Il n'y a donc plus de doute aujourd'hui ; le malheureux n'avait que trop bien compris.

C'est un fait que l'instruction fera peut-être bien de mettre en lumière.

Vous faites suivre aussi les détails navrants de ce drame de quelques lignes à l'adresse des prétendus philanthropes qui s'obstinent à s'apitoyer sur le sort des pires scélérats, lorsque le bon sens indique qu'il faudrait au contraire les traiter avec la dernière rigueur.

C'est un triste signe des temps que nous traversons.

Les assassins se font un jeu aujourd'hui de verser le sang de leurs semblables. Ils n'ont plus rien à craindre de la justice humaine, ils sont assurés de trouver protection auprès du Chef de l'État, dans le cas où la loi viendrait à les frapper.

A l'heure actuelle, les conseils de guerre paraissent ne plus compter en Nouvelle-Calédonie. La Justice, devenue un simulacre, n'a plus d'action. Les magistrats rendent leurs jugements par acquit de conscience, mais ils ne se font aucune illusion sur le sort qui leur est réservé. *On exécute* à Paris, dans toute la France, dans toutes les Colonies françaises, excepté en Nouvelle-Calédonie où il y a plus de criminels que partout ailleurs.

Ce système d'absoudre invariablement les assassins n'est pas autre chose que la glorificarion de l'assassinat. Un condamné a tué un de ses co-détenus ou son gardien. Voyez-le comparaître devant le conseil de guerre ; il est sûr d'avance de ce qui l'attend; il en aura *à perpette*, comme ils disent.

Ne vous rappelez-vous pas l'attitude de Dintroux, un des assassins de l'indigène Pédro ? En entendant la sentence : *condamné à mort*, il ne trouve rien de mieux à dire que ceci : « Nous avons eu cependant un défenseur bien éloquent! » Et le défenseur n'avait pas ouvert la bouche.

Voilà un condamné à perpétuité qui tue de nouveau. On le remet à perpétuité ; n'est-ce pas avilir la loi et ridiculiser la Justice ?

Et six mois après son nouveau crime, l'asssassin revient tranquillement au milieu de ses camarades, les mains dans les poches. *Toujours à perpette!* voilà comment on se tire d'affaire. Quel effet désastreux cette impunité ne produira-t-elle pas sur les autres ? On le regarde comme un triomphateur.

Et nous, qui avons vu couler le sang de nos camarades, serons-nous réduits à courber la tête devant nos assassins ? Voilà, en quelques jours, le surveillant Lavergne lardé de coups de couteau et Olivieri frappé de deux coups de hache. Si, en présence de ces faits, quelques-uns d'entre nous sont partisans du laisser-aller, d'autres sentent le sang leur monter au visage; et alors, si le revolver est quelquefois un peu prompt à parler, à qui la faute ?

Qui doit avoir raison le dernier ? La bête féroce ou le dompteur ?

Nous sommes victimes d'un mal particulier que les savants appellent, je crois, la *névrose*. C'est la névrose du meurtre qui sévit aujourd'hui. Ce mal est si grand que la presse entière s'en est alarmée. En France, on l'attribue à une crise morale. Mais cette crise, à qui la devons-nous, si ce n'est aux agissements de certains humanitaires qui prétendent voir dans les assassins des malheureux qu'il faut plaindre et non condamner?

Nous avons vu, sous l'administration de ce bon M. Pallu, les effets de ce système: le bagne, livré à lui-même, sans discipline, les plus mauvaises passions surexcitées par l'alcool, les surveillants menacés, frappés et, chose plus honteuse encore, dénoncés dans des lettres calomnieuses que les forçats écrivaient au Chef de la colonie, sous enveloppes cachetées.

La multiplicité des crimes, voilà l'héritage que la Colonie a recueilli de l'Administration de ce grand réformateur! Aussi l'Administration actuelle, malgré toute sa bonne volonté, n'a-t-elle pas encore pu rétablir la discipline du bagne, et elle n'y arrivera pas, tant que notre système pénitentiaire n'aura pas été radicalement réformé.

Au nom de la justice, au nom même de l'humanité, il est temps de revenir à l'application sévère des lois. Que ceux qui attentent à la vie d'autrui sachent bien qu'on prendra la leur en échange, et alors les assassins s'arrêteront dans leurs sinistres exploits, ou du moins ils regarderont à deux fois avant de les commettre.

J. L.,

Surveillant-militaire.

Nous ne sommes point, répétons-le même après les lignes qui précèdent, partisan de la peine capitale; elle nous paraît non seulement immorale, mais inutile. Nous sommes convaincu, d'autre part, que le surveillant J. L. n'invoque cette extrémité que parce qu'il sait mieux que personne combien la pénalité au bagne est dérisoire. Si, à un moment donné, la cellule rigoureuse et la faim menaçaient sérieusement les endurcis auxquels l'Administration de la transportation semble vouloir sacrifier la Colonie, M. J. L. n'aurait pas à songer à la peine capitale... Car il n'y a pas de nature perverse et de malfaiteur endurci que ne parviennent à dompter ces deux ennemis de la race humaine: l'isolement et l'insuffisance de nourriture! Et, avant de crier à la torture, au martyre, que l'on songe à la société entière menacée, aux innombrables victimes qui, de tous côtés, crient vengeance; que l'on songe bien que c'est en reculant devant la sévérité de la peine que l'on réduit le surveillant à tuer le forçat et que l'on arrive à rendre la guillotine nécessaire!

FIN

1601. — Paris, imp. CHARLES BAYLE, 16 rue, de l'Abbaye

PUBLICATIONS DE CHARLES BAYLE, ÉDITEUR

ATLAS COLONIAL

Publié sous la direction de M. CHARLES BAYLE

Et récompensé par la Société de Géographie et la Société de Géographie Commerciale de Paris

D'une Médaille exceptionnelle en bronze et d'une grande Médaille en vermeil

CARTES par Henri MAGER

Notices historiques, géographiques et économiques

PAR MESSIEURS

Amiral AUBE. — Paul BERT. — A. BOUQUET DE LA GRYE. — Baron DE CAMBOURG. — Docteur COLIN — Henri-A. COUDREAU. — Henri DELONCLE. — Jean DUPUIS. — Henry DURASSIER. — DUTREUIL DE RHINS. — Général FAIDHERBE. — Félix FAURE. — Colonel FULCRAND. — Paul GAFFAREL. — Victor GIRAUD. — Alfred GRANDIDIER. — J. HARMAND. — Louis HENRIQUE. — HIGGINSON. — A. ISAAC. — DE LANESSAN. — Amiral LAYRLE. — Charles LEMIRE. — LE MYRE DE VILERS. — A. LE SAVOUREUX. — Ferdinand DE LESSEPS. — Emile LEVASSEUR. — MAC CLEANER. — François DE MAHY. — Commandant MATTÉI. — Casimir MONDON. — Armand MONTCLAR. — Jules MOREAU. — Paul NEIS. — Edouard RAOUL. — Gautier DE LA RICHERIE. — Denis DE RIVOYRE. — ROMANET DU CAILLAUD. — P. SOLEILLET. — Edouard VIARD. — Colonel VINCENT. — Jacques WAUBERT.

Cet Atlas, grand in-4° raisin (34 × 42), contenant 350 pages de texte, 70 cartes et 100 cartons, considéré comme une publication patriotique hors ligne, comme une grande œuvre d'éducation nationale, a été également honoré de souscriptions, dès son apparition, de tous les ministères.

PRIX : cartonné, **20 fr.** — Relié, **24 fr.**

Nouvel Atlas de Géographie élémentaire *couronné par la Société de Topographie de France*, précédé d'une lettre de M. LEVASSEUR (membre de l'Institut et d'une Notice explicative, et dressé d'après un système nouveau de *Projection par fuseaux* et de représentation du sol (*Courbes de niveau et teintes superposées*), par Victor TURQUAN.
Prix : Cartonné, 3 fr. ; franco poste, 3 fr. 55 (reliure riche, 2 fr.)

EN PRÉPARATION :

Excursions patriotiques, avec cartes et illustrations nombreuses, par Ch. LEMIRE.

www.ingramcontent.com/pod-product-compliance
Lightning Source LLC
Chambersburg PA
CBHW070807270326
41927CB00010B/2333